山崎龍一

教会実務を神学する

事務・管理・運営の手引き

教文館

推薦の言葉

東京基督教大学学長　山口陽一

まず、「教会実務を神学する」という題に魅かれました。一読して、このような本が欲しかったと思い、教会の役員会でこれを学べたらどんなによいだろうかと思いました。この本は、牧師が書いた教会役員の心得ではなく、法律の専門家が書いた宗教法人法の本でもなく、信徒として教会役員（長老）の召命を受けて主の教会に仕える著者の手になるものです。しかも超教派のキリスト教宣教団体で長く働いてきた著者の経験は、どの教派・教団においても通用するであろう教会実務の神学として結実しています。

本書では「教会的に考える」という言葉が随所に出てきて、常に教会論を意識していることが分かります。また、著者は「せめぎ合い」という言葉を繰り返し用います。「せめぎ合い」は、そもそもキリストの教会がこの世にあることとの必然ですが、加えて宗教法人法の限界にも起因して起ることが指摘されています。宗教法人法は、宗教法人の世俗的事柄（財産管理）のみを対象としますが、教会は宗教的事柄と世俗的事柄を併せ持っています。そこに「せめぎ合い」が生じるわけですが、この「せめぎ合い」を受け止めて、この地に教会を建て上げることが本書の目標となっています。

本書を読み進める上で宗教法人法の大切さを理解しておくことが必要です。戦中の「宗教団体法」（一九三九年）に至る歴史を踏まえて、戦後の「宗教法人法」（一九五一年）の意義を理解するために、日本キリスト教史を大きく振り返ってみましょう。

キリシタン時代の教会は、領主から布教の許可と土地を得て活動の拠点を設けました。これは在地領主の権限でしたが、中央集権の成立過程で大村純忠からイエズス会に寄進された長崎のことが問題になり、その没収を目的の一つとする「伴天連追放令」が出されました。およそ三〇年間は布教と土地所有に制限が加えられ、その後、信仰そのものが禁じられて幕末に至ります。幕府が禁じてもキリストの教会は存在します。信仰を告白して殉教した人はカトリック教会の把握でおよそ五五〇〇人を数えます。潜伏した信徒は地下教会を形成しましたが、やがて棄教し、その一部は先祖の信仰を継承し続けました。この間、幕府は宗教を統治の手段とし、仏教はその一端を担うものとなり、これが習慣化しました。

一八五八年の日米修好通商条約第八条により居留地における信教の自由が認められ、一八七三年のキリシタン禁令の高札撤去により事実上信仰は黙認となり、一八八九年の大日本帝国憲法二八条により条件付きながら信教の自由が定められました。一八九九年に神道仏教以外の「宗教ノ宣布者及堂宇会堂説教所ノ類設立廃止等ノ場合届出ニ関スル件」（内務省令第四一号）により、伝道者の届出、礼拝堂の設立許可などが定められ、キリスト教は宗教行政の対象となります。同年、宗教法案が国会に上程されますが、キリスト教を同列に扱うことに反発した仏教の反対もあり廃案となります。一九一二年に内務省の招待で神仏基の代表者が集まった、いわゆる「三教会同」では、以下の声明が出されました。「吾等ハ各々ソノ教義ヲ発揮シ皇運ヲ扶翼シ益々国民道徳ノ振興ヲ図ランコトヲ期ス　吾等ハ当局者ガ宗教ヲ尊重シ政治宗教及教育ノ問題ヲ融和シ国運ノ伸張ニ資セラレンコトヲ望ム」。政治による宗教の利用と宗教による報国の姿勢が示されました。

そして、次の宗教法案が国会に提出されるのが一九二七年です。宗教側の利点は固定資産税の免除くらいで、文部大臣の宗教認定、教師資格の制限、規則や代表者の認可、恣意的な認可取消の可能性など、宗教統制の意図が顕著な法案でした。国会では教師資格の制限が救世軍の働きを妨げるというような反対意見も出され、日本基督教会を中心にプロテスタント教会も反対しました。結果、一九二九年、三六年と法案は不成立に終わりますが、反対は次第に弱まり、ついにアジア太平洋戦争下の一九三九年、宗教団体法が成立します。

「宗教団体法」（一九三九年）第三条「教派、宗派又ハ教団ヲ設立セントスルトキハ設立者ニ於テ教規、宗制又ハ教団規則ヲ具シ法人タラントスルモノニ在リテハ其ノ旨ヲ明ニシ主務大臣ノ認可ヲ受クルコトヲ要ス」。ここにおいて、教会の宗教的事柄と世俗的事柄が併せて国の「認可」の対象となりました。「教団規則」においては「教団統理者」を置くことが定められ、その人選は教団に委ねられましたが「認可」がなければ統理とはなれません。

渡辺信夫は言います。「教会のための戦いが行われた例は、めずらしくもないものですが、その戦いは、しばしば、さほど本質的と思えないような点をめぐって、しかも本質的になされました。

よくあるのは叙任権の例です。国家権力がこれを持とうとしたとき、教会は抗争しました。――ただし、日本帝国がキリスト教団の『統理』を任命する権を持ったときには誰も反抗しませんでした。反抗すれば恐ろしい、と考えたからではなくて、本質的な問題でないからいい、と考えたに違いありません」(『教会論入門』新教出版社、一九六三年)。

戦後の「宗教法人法」(一九五一年)では、これが一変します。

「第一条　この法律は、宗教団体が、礼拝の施設その他の財産を所有し、これを維持運用し、その他その目的達成のための業務及び事業を運営することに資するため、宗教団体に法律上の能力を与えることを目的とする。2　憲法で保障された信教の自由は、すべての国政において尊重されなければならない。従つて、この法律のいかなる規定も、個人、集団又は団体が、その保障された自由に基いて、教義をひろめ、儀式行事を行い、その他宗教上の行為を行うことを制限するものと解釈してはならない」。

国家のために、宗教を禁止・制限あるいは統制・利用するという考え方は全面的に否定され、基本的人権に基づく「信教の自由」を守るための宗教法人法が成立しました。日本の教会は、国家との関係において、ザビエル以来の歴史を振り返っても、これまでにない伝道と教会形成のために良い基盤を得たのです。これを大いに生かして、この国で主の教会を建ててゆく責任が、私たちにはあります。

はじめに

一九歳で洗礼を受けた私は、教会生活の中で信仰に基づく人生の価値、交わりの温かさ、人格的なふれあいの豊かさに出会い、聖書から教えられた通りに生きたいと祈り、信仰生活をスタートしました。学生生活、卒業後の職業生活を送りながらの教会生活では、自分なりに熱心に奉仕をし、後に教会役員としての経験も重ねてきました。聖書から教えられた通りに生きたいという青年期の願いは、個人の人生に対する願いに留まらず、教会を建て上げる使命感へとつながっていきました。その使命感は喜びと共に教会の中においても直面する困難や苦悩に出会うことを通して、教会とは何かという「問い」を深めることによって支えられてきました。その「問い」が深められるたびに聖書を読み、教会の歴史から学び、体系的なキリスト教理解が必要だと気づくようになりました。

「教会は、もとより、正典、信仰、職制の三つの座標軸によって、はじめて具体的で可視的な姿を見せる」（関川泰寛『聖霊と教会――実践的教会形成論』教文館、二〇〇一年）とあるように、正典である神の言葉が与えられ、信仰が言葉によって表され、教会の運営を支える職制が整えられていくとき、私たちに見えるかたちで教会が形成されていきます。その教会が現実の地を踏みしめる歩みをするとき、三つの座標軸はキリストの体なる教会にふさわしい手続きや決まりごと（制度、教憲教規）の形成へとつながり、さらにこの世との接点においては宗教法人法を含むさまざまな法令への理解と葛藤に直面することになります。

私たちが成熟したキリスト者となり、力強くキリストを証しするために、そして異なる教えを見極めるために神学が重要であると聞いたことがあります。

本書は教会実務について具体例を述べている部分もありますが、教会実務のノウハウや行政への申請手続きの手順書ではありません。教会実務においてどのような理解をもつことが教会の成熟かつ堅固な歩みにつながり、異なる教えを見極める識別力を生み出していくかという教会実務の神学への試みです。それは信徒から見た教会実務の姿勢への提言でもあります。

心の内面的な信仰のあり方については熱心であっても、この世との接点においていつの間にかその座標軸を法令遵守、この世の常識、社会経験に譲ってしまうこともある現実の中で、教会実務の神学を形成していくことを通し、この世に建てられる堅固な教会形成へと導かれることを願っています。

教会に座標軸がしっかりと据えられるとき、教会はこの世に属さないにもかかわらず、この世に立ち、教会が建て上げられていきます。本書が教会実務への問いと思考を深めることにより、教会実務の神学的思考形成の一助になれば幸いです。

目次

第二部　実務における教会の営み

装丁　森　裕昌

第一部　この世に生きる教会の営み

第一章　この世に遣わされたキリスト者

第一節　教会に潜み入るこの世の論理との戦い

キリスト教的価値観とこの世の常識

「教会の一致と聖さとのために戦い、また群れの模範として歩むように努めることを約束しますか」

私の集っている教会の役員就任式における誓約の一節です。役員に選出された者はこの誓約を心に刻み、教会役員としての歩みを始めます。役員会では、宣教への取り組み、洗礼希望者への試問、子どもたちの成長や教会員の人生の苦闘や病の回復、進学、就職、結婚のことなどさまざまことが取り上げられ、牧師・役員は教会に連なる群れの一人ひとりのために祈りを重ねます。

教会員が陥ってしまった罪の現実に悲しむこともあり、「教会の一致と聖さ」が崩されるような思いに心を痛めるときもありますが、役員就任時の誓約を思い起こし、教会に仕えます。さらに教会財政の厳しさ、牧師謝儀や牧師館のあり方、会堂建築および補修、隣地とのトラブル、宗教法人法に関する事務その他の行政手続きなどの教会の事務管理運営と幅広い内容が取り上げられます。

役員会の責務は教会で起こる諸問題に福音の光を当て、解決・回復への道筋を立てることであり、教会員一人ひとりの人生のさまざまな困難や教会自体が直面する出来事に対して、聖書に導かれる価値観に立って現実を直視し、語られる説教によって教会が整えられることに仕え、教会員の模範として生きるようにつとめることだと知るようになります。しかし役員から出される解決・回復への道筋の立て方は、必ずしも聖書に導かれる価値観に立つとは限らず、それぞれの人生経験に基づく知恵と常識に拠ることも多く、そこにも「教会の一致と聖さ」を守る戦いが生じることがあります。その戦いにおけるこの世の側の武具は教会員の人生経験・社会常識であり、牧師は社会経験が少なく現実を知らないのだという教会員の声です。

教会はそのような声を静かに退け、教会に潜み入る「この世の常識を信仰の良心とする」思想を退けるため、教会は腰には真理の帯を締め、胸には正義の胸当てを着け、足には平和の福音の備えをはき、信仰の盾をとって歩むことが求められます。

この地の掟に従う教会形成

私が学生宣教団体キリスト者学生会（ＫＧＫ）の事務局長であったとき、宗教法人格取得（認証）の手続きを担当しました。認証申請の専門家から「役所の担当者に理解されやすいように、従来の活動を礼拝と呼び、毎週のスタッフミーティングに週報を作成するとよい」とアドバイスを受けました。役所の担当者は、キリスト教なら週報があると経験的に知っているので理解されやすいという理由でした。この専門家のアドバイスは、一見ハードルが高いと思われている法人認証と引き換えに自らの活動の主体性を手放すことにつながると考え、ＫＧＫは「法人認証のために、活動内容も用語も一切変えない」方針を貫きました。

詳しくは第二部第三章の宗教法人法の項目で述べますが、宗教法人法の趣旨は法令の視点から言うと宗教団体には「宗教的事項」と「世俗的事項」があるとされ、宗教法人法はその世俗的事項である財産管理および契約の主体となることができるように法人格を与えることとされています。教会からの視点で言えば、教会の財産管理部門に法人格をもつための法令となります。宗教法人責役員会とは、教会の財産管理部門の会議体なのです。

さらに本質的な問題について言えば、宗教は宗教的事項と世俗的事項に分かれているという宗教法人法の趣旨にある二元論的宗教理解とキリスト教的価値観は相容れないものです。

神の国の世界観によって歩むことを軸としつつこの地に立つ教会は、キリスト教的な価値観・世界観とこの世の価値基準との差に常に直面します。「この世性」は、教会の一致と聖さの中に密かに潜み入り、戦いを挑んできます。それはこの世が私たちに迫る対決型の戦いではなく、この地の掟やしきたりに従う教会を形成するように立ち位置を揺るがす一見なまぬるく、気がついたときにはすっかり骨抜きにされている巧妙な手口で迫ってくる戦いです。

立つべき地から自ら遠ざかる教会

この地に立つ教会を建て上げるため、宗教法人法をはじめさまざまなこの世の法令や常識を慎重に考え抜く力を身につけることが大切です。特にこの世との接点をもつ分野、かつ牧師が比較的苦手意識をもちやすい教会の会計、会堂建築および建設会社との折衝、謝儀や報酬に関わる諸税金、教会が事業を始めるときの手続き、牧師館の問題、そして宗教法人格取得と法令遵守は、教会にこの世の価値観を潜み入れようと試みてきます。役員会でもこの種の議題になると牧師の言葉のトーンが下がり、「私はそのようなことはよく分からないので……」と、自ら教会の営みであるはずのものから遠ざかってしまうこともあります。

かつて私がＫＧＫの事務局長として教会や宣教団体の事務管理の重要性を語ったとき、多くの牧師から「そういう働きも必要ですね」「そういう働きがあるから私たちは安心して宣教に専念できるのです」と、よく言われました。その都度微妙な違和感をもったものでした。「そういう働きの上に安心して宣教できる」と言うとき、教会の営みとこの地の働きの間に「そういう働き」が間に挟まり、教会が地に足をつけていないように響いてしまう違和感です。「教会は社会を知らない」と言われてしまう土壌を教会自らが生み出しているのではないかと……。この分野にも教会の責務として地に足をつけて立つからこそ、「教会は社会を知らない」という言葉を静かに退け、地に立つ教会として福音を宣言できるようになるのです。

しかしそれは、牧師や教会役員、宣教団体リーダーが会計報告作成の手続きや詳細な税法を知るべきだということではありません。教会の事務管理運営部門を聖書に導かれる価値観に基づき、教会の営みとして位置づける責任があるということです。

教会がこの営みから遠ざかるとき、会計や法令の手続きに詳しい教会員が、この世の手法を教会内に導入し、教会が直面している会計や法令に関する諸問題に解決の旗印を掲げるようになることがあります。ときには牧師と役員の秩序まで逆転し、「先生はこういう問題については知らないでしょう」「この世のことは私たちに任せてください」と、牧師は少しずつその判断の場から退いていくということさえ起こっていくのです。

宗教法人法に話題を戻すと、教会や宣教団体において「監督官庁が厳しくなってきて、宗教法人の認可は難しい……」、そんな言葉を聞くことは一度や二度ではありません。実は宗教法人に関して言えば監督官庁は存在しませんし、そもそも許認可制度でさえありません。一定の条件を満たす宗教団体であれば必ず法人格を取得できる準則主義であり、それを所轄する行政機関があるだけです。残念ながら行政窓口も、ときに法律手続きの専門家であっても、このことを誤解していることがあります。

教会では「牧師給」という言葉を使うこともありますが、本来給与という言葉はなじまない性質をもっています。群れを導く牧者として教団から任命されるか、教会の招聘に基づくかは教会・教団によって異なりますが、教会は牧師を雇用し労働の対価としての給与を払っているわけではないからです。

法人格のない教会では個人名義で土地建物を登記し、通帳も個人名義になっていることもあります。名義人が天に召された場合に相続が発生し、難しい状況に陥ることもあります。そのため法人格を取得したり、人格なき社団要件を満たすなど必要な手続きをして、教会をトラブルから守ることは大切なことです。

問題が表面化していないときに、このようなことを指摘する人は、細かい「こだわり」の人という印象を与え、いつの間にか「そのようなことは教会の本質ではない」と、お互いに言い聞かせることになってしまいます、問題が起こるまでは……。

教会の枝である宣教団体において

教会と異なり、宣教団体においては雇用問題、法令遵守、資金繰りそしてマネジメントなど一般の組織と同じようなことが求められることもあります。不適切なマネジメントによって組織が衰退したり、その働きの幕を閉じていった例もありました。宣教団体がその使命を終えることはありますが、組織としての至らなさのためにその働きが閉じられていくことは痛ましいことです。

また、キリスト教出版社のように使命としては宣教であっても、活動の結実の一つが「売上」となっている宣教団体もあります。その場合、「売上」を「宣教活動の結実」として意味付ける実践的宣教論が必要です。十分な思考をせずに「宣教と利益の両立」と表現してしまうと、両方の価値が平等に位置づけられ、「売上」を宣教論的に理解することができなくなってしまいます。やがて

「売上」を確保する手法までもが一般的なものになり、教会との関係が薄れ、理念を喪失し、危機に直面することもあるのです。

宣教団体が一旦危機に直面すると、周囲からこの世の経営手法が持ち込まれ、規律を高め、選択と集中、法令遵守、効率と能力を基本とする人事評価の導入を試みることが起こり得ます。それまでの営みに不満だったスタッフは新しい手法こそ改革の旗印と思い、他のスタッフは「そんなこの世的なやり方でうまくいくはずがない」と反発します。内部の心が一つにならなければ結局組織がうまく動くことはありません。

宣教団体は教会からの使命の委託を受けた教会の枝であり、信頼と祈りをもって謙遜に努力を重ねていく献身者の群れを形成していくことを通してしか回復の道はありません。

教会の事務管理運営部門に福音の光を

私がＫＧＫで働き始めた二五年ほど前、経済的に厳しく、年に数回の給与遅配がありました。主に信頼することを学んだ尊い経験でしたが、家族のことを考えると今でも心の疼く思い出となっています。支援者から「赤字が続くということは、神様はＫＧＫを祝福されていないのではないか」と言われたとき、張り詰めていた心が挫けそうになったことを覚えています。

その後ＫＧＫは、事務管理運営部門の充実を図り、資金繰りの見通しを立てることで、給与遅配はなくなっていきました。当時のＫＧＫの主事たちはどんな待遇でも学生宣教のために働く決意と熱心さに溢れ、その先輩方の迫力には圧倒されるものがあり、その姿からキリスト者としての大切な生き方を学びました。しかし、問われるべきは、組織の経済的厳しさを顧みず働きを続ける決意に依存するかたちで形成され、主事とその家族の生活を支えることを団体の責務とする福音理解をもてなかったことでしょう。

教会役員として牧師の生活や家族の事情を考え、牧師館の充実を提案したとき、「そのような提案は牧師には贅沢だ」という発言が教会の内部から起こったときの悲しい思いも心に残っています。

本書は、事務管理運営部門を教会の営みとして位置づける教会形成への試みです。そして、教会形成の途上で教会に潜み入るこの世の価値観との対峙であり、「教会の一致と聖さのために戦う」生き方を通して知る教会を建て上げる喜びの分かち合いです。

知識や実務能力そして関心事が優先されがちな事務管理運営の分野において、教会として思索を深め、法令遵守優先主義や経済的現実に押し切られず、教会の使命を果たすために聖書から導き出される価値観を取り戻す教会形成の道を歩みたいのです。

教会に属する一人ひとりが神の国の民として地を踏みしめて歩むとき、ときにその履く靴は泥にまみれ、心まで疲れてしまうこともあるでしょう。地を踏みしめて歩むことはきれいごとや理想論ではすまされません。だからこそ、その靴は礼拝の度に整えられることが必要です。靴を脱いで、つまりこの世を脇に置いて教会に来ることを勧めるのではなく、整えられた靴で再び地を踏みしめるように導くことが教会の営みではないでしょうか。

「一致と聖さのための戦い」を放棄せず、この世に立つ責務を果たすことを通して教会は教会としての社会的責任を果たします。教会に潜み入るこの世性と戦うことを通して、教会はこの地に足場を定めます。そのとき、教会は地に立ちながら神の国を指し示す使命を果たし、「社会に生きる」ことになるのです。

第二節　教会の役員に選ばれたなら

教会的に考えることを身につける

役員就任式が終わると、いよいよ役員としての歩みが始まります。役員会では、牧師からの牧会報告を通し教会員一人ひとりの様子を知ります。求道者の方が受洗の決断をしたことや若い夫婦に新しい生命が与えられた嬉しい報告、困難を抱えながら忠実に礼拝に出席されている方のこと、牧師の訪問先の病院や家庭での様子、洗礼準備会に出席している青年が家族に反対されていることなど、日曜日だけでは知ることのできない教会員の様子、祈りの課題を神様から預けられるようになります。

また教会会計の厳しさや牧師謝儀のこと、教会債の返済状況、宗教法人事務手続きなどの教会の事務管理運営の分野にも心を傾けるようになります。教会員の様子については比較的役員全員で祈りを合わせることができるのですが、後者の教会の事務管理運営の分野においては、意識の差が大きく、役員会の中でさえ一部の奉仕者にその役割が集中してしまうことがあります。

教会や教団によっては「役員の手引き」等があり、役員は教会生活において群れの模範となるように記されています。テモテへの手紙第一、三章二節以降「非難されるところがなく、一人の妻の夫であり、自分を制し、慎み深く、礼儀正しく、よくもてなし、教える能力があり、酒飲みでなく、乱暴でなく、柔和で、争わず、金銭に無欲で、自分の家庭をよく治め、十分な威厳をもって子どもを従わせている人でなければなりません」等が引用され、礼拝出席はもちろん祈禱会への出席、教会のために祈ること、具体的な奉仕をすること、牧師を支えることをはじめ、家庭でもキリスト者としてふさわしく生きることが勧められます。

しかし、この地を踏みしめて教会を建て上げていくためには、忠実に礼拝出席をし、奉仕をし、聖書を読み、言葉を慎み、人々への配慮を心がけることを役員としての資質とするだけでなく、教会で取り扱うさまざまな現実に対して「教会的」に物事を見つめ、「教会的」な思考をもって考えることが求められるのです。

教会の事務管理運営の文脈で「教会的」に見る、「教会的」な思考をもつということは、教会の主権・権威がキリストにあるという理解と深く関わります。渡辺信夫氏は『教会論入門』（新教出版社、一九六三年）の中で、真の教会になっていくためという文脈の中で、次のように述べています。「教会において、私たちはいかなる意味においても主権がない、ということです。一般の組織づくりや、地域社会の形成におけるような『私たちのもの』としての要求権は教会においてはないのです。それはキリストのみにあります。ですから人間の抱負によって教会が担われてはなりません。ただ、召しだけがすべてを決定します」（一八頁）。

「人間の抱負によって教会が担われてはなりません」という表現を、本書で取り扱う法令遵守や会計・税務などの教会の事務管理運営の問題として言い換えるなら、「一般社会通念や法令遵守至上主義によって教会が担われてはなりません」ということになるでしょう。法令遵守、信徒の社会経験や知識、会計報告書が権威をもち、その権威を裏付けるために専門職の方々や企業で実務経験のある方々の意見が教会で権威ある言葉のように取り扱われることがあります。「教会もまた社会の一員であり、宗教法人格をもっている以上、公益法人としての責任を果たさなくてはならない」という主張がなされます。このようなときに「教会的に考える」ことが問われます。例えば「公益法人」と言った場合、「公を益する」のが教会の使命なのか、「公」とは何を指すのかを真剣に注意深く問い続けていくと、その「公」にはキリスト以外の何者かが「公」にすり替わっていることもあります。いつの間にか「公」が法令となり、世間となり、ときに国家にもなってしまっていることがあります。つまるところ、教会の営みが「社会通念に合致する生き方」として位置づけられ、主権がキリストから気がつかないうちにずれてしまうのです。

この社会通念によって教会が担われてしまうことの日常的な例を考えてみましょう。私たちが教会でさりげなく使っている言葉には、私たちの価値観が反映されています。例えば「あの先生（牧師）は、大企業の管理職の立場を捨てて献身して牧師になったのですよ」と、主からの召しとして受け止めるべき献身の深さを牧師になるために払った社会的地位の犠牲の大きさによって測ってしまう会話を耳にすることがあります。

また「牧師になるためには社会経験が必要」という言葉も、よく聞きます。何をもって社会経験とするかの議論は一旦脇に置くことにしますが、「社会経験」を経て牧師になった方が信徒の気持ちをよく理解してくれるという理由、さらには「社会経験」が一人前になる前提条件のように言われ、牧師もまず「一人前の社会人」になってから聖書を語るように言われてしまうことがあります。さらに教会で何か人間関係の問題が起こると「キリスト者である前に、人としての問題だよね」と言われることもありますが、聖書が語る人間理解として正しいでしょうか。

このようなさりげない会話を「教会的思考」の中で深めていくとき、実は深いところの価値観が社会通念の上に形成されていることに気がつかされることがあります。教会的なものの見方を身につけるために、私たちの思考や価値観が神学（的思考）によって整えられる必要があるのです。牧師への召しや献身は、社会通念上の失った犠牲の大きさで測るものではありませんし、牧師職を社会人の教会員の気持ちを理解し仕えてもらうサービス業に貶めてはなりません。さらに私たちはキリスト者になることを通して「人」としての回復の歩みを始めるのであり、教会でキリスト抜き（キリスト者である前に人として）の「人」を問うことは、信仰者としての人間理解に課題があると感じるのです。

私が教会役員になりたての頃でしたが、教会役員研修会で、役員と牧師の関係について講師の講演を聞き違和感をもったことがありました。その講演では役員として礼拝や祈禱会の出席、さまざまな奉仕、役員会や総会でのあり方が述べられ、役員の奉仕の素晴らしさが語られたのち、「礼拝が終わったら、牧師に説教で教えられた旨を感謝と共に伝え、年に一度は牧師に温泉旅行をプレゼントするなど十分な慰労をすれば、そこまで教会に良くされた牧師は、その教会のために熱心に働き、良い説教をするようになります」と語られたのです。牧師と教会との関係に異物が挟まったような違和感でした。

また別の機会でしたが、ある牧師が「自分は高度成長期に会社員をしていた経験から、努力すれば結果は必ず右肩上がりで成長するという信念をもっていました。定年後に神学校に行き牧師になったのですが、牧師になっても同じ信念で信徒を叱咤激励し、それについて来ることのできない信徒を傷つけてしまいました」と、悔い改めと共に話していた場に居合わせたことがありました。牧師の務めに「お世話になる人間関係」あるいは「右肩上がりの成長」という社会通念を巻き込んでしまう教会形成が起こりうることを知らされ、役員として注意深く奉仕をする必要を感じたものでした。

またクリスチャンホームであっても、「受験、学歴、仕事の能力」を子どもたちに身につけさせることになると、この世の価値観を譲らない親が案外多いことも経験的に知らされてきました。受験期になると礼拝よりも塾通いを優先させ、「いくら信仰、信仰と言っても、この世の中で生きていくためには実力・学歴が必要であり、受験を優先することもある時期には仕方ない」となってしまうのです。

私たちは個人としては熱心に教会生活を送りながら、その人生観や価値観が「教会的」に整えられる教育を教会内で受けることは少なく、実は社会通念の上に信仰生活が築かれていることが多いのではないでしょうか。

このような例を取り上げた理由は、教会の事務管理運営の分野は、法令遵守や会計・税務の分野などこの世の法令や知識と深く関わるため、「教会的」な判断基準よりも、社会通念による判断が教会の中に圧倒的な勢いで導入されることがあるからです。そのため、まず私たちの判断基準が聖書に基づく価値観と教会の歴史に導かれ、「教会的」な価値基準が人格の中に深く刻まれているかを問われることが、教会の事務管理運営のスタートになるのです。

説教の聴聞を通して牧師と対話する

礼拝説教は、「教会に語られる生きた神の言葉」と言われます。「生きた神の言葉」という表現について、心に残る牧師との会話を思い出します。当時私は教会の週報作成の奉仕をしていました。手際よく週報作成を終えたいため、説教箇所や説教題の情報を早め（週の半ばまで）にいただきたいと牧師にお願いしたことがあります。そのとき、牧師は次のように穏やかに話してくれました。

「聖書箇所は基本的に決まっています。しかし、例えば『喜び』という主題を考えていても、その週に悲しい出来事があった教会員、家族を喪った教会員がいた場合は、説教題の表現も変わるかもしれません。教会の群れの様子を受け止めながら説教題を選ぶので、ぎりぎりまで決められないのです」。私はこの言葉を受け止め、週報作成が土曜日の遅い時間になったとしても喜んで奉仕をしようと心に定めました。そして、「教会に語られる生きた神の言葉」の意味の一つの側面を教えられたのでした。

そのようにして備えられる説教を全身全霊をもって聴き、思いを巡らし、語られたみ言葉に従って生きることを通して、教会を建て上げていく奉仕に与っていくのです。説教の傾聴の歩みにおいて牧師と対話し、教会に語られる生きた神の言葉を受けた一人として教会の交わりに仕えていくことが、役員としての大切な責務なのです。

普段は連続講解説教をしている牧師が、ときに主題説教をされることがあります。そのようなことからも、そこに教会の群れの状態と教会に対する主のみ旨を聴き取ります。説教として語られたみ言葉は、今の教会の群れに大切な神の言葉であり、教会は神の言葉によって形成されていくからです。

ある牧師が教会赴任後に、コリント人への手紙の講解説教を試みました。「なぜその箇所を選んだのですか」と尋ねたとき、その牧師の答えがあまりにもストレートであり真実な告白で心に残っています。その牧師は「それは当時の教会の現状がまるでコリントの教会のようだったからです」と答えたのです。コリントの教会は道徳的にも乱れ、争いがあり、パウロが悲しみと共に祈りに覚える、しかし確かにキリストの教会でした。牧師はその状態を見てあからさまに責めるのではなく、その教会に対するコリント人への手紙の講解説教を通じて教会を整える試みをしたのです。その教会の歩みに寄り添うように、説教は語られるのです。

語られる説教が教会にもたらすものを受け止めることなしに、表面的に熱心な奉仕や丁寧な言葉遣い、そして親切な態度だけでは、教会を建て上げる奉仕には至らず、むしろ信仰を自分の人生美学にすり替えてしまいます。

牧師交代の時期に招聘委員として奉仕をしたことがありました。どのような牧師を招聘するか教会で話し合ったとき、当初は教会員から「教会の年齢構成を考えると牧師は四〇代以上の既婚者で、年配の教会員の気持ちも理解できる人、牧師としての経験もあり……」と、さまざまな意見が寄せられました。けれども、招聘委員会で真剣に話し合いを重ねた結果、「み言葉を正しく語る牧師を招聘する」と、意見が一致したのです。

その上で「み言葉を正しく語る」ことを招聘委員会はどのように判断できるかと話し合いました。同時に真剣に説教を聴き続け、その言葉に生き続けた教会員には、説教を聴き分けるだけの力が付いていることも感じました。「自分たちの教会の信仰告白（教理）に基づいた説教・聖書講解をしてくださる牧師」を軸にして牧師招聘に進むことになりました。私たちの教会には独自の信仰告白が作成されていて、一つひとつの教理に対して、「〇〇を信じ告白する。したがって〇〇とすることは容認できない」と記されています。その言葉に目を向け、何を信じ、何を信じないのかが記された信仰告白についても理解が深まりました。前任牧師が招聘委員会に対して「皆さんの魂を預ける人を選ぶという意識で奉仕してください」と言われたことを思い起こしての招聘委員会の歩みでした。

日本のキリスト教史を顧みるとき、教理とこの世におけるキリスト者の姿勢について考えてみたいことがあります。日本でも過酷な迫害にいのちをかけて信仰を貫いたキリシタン時代がありました。キリシタン時代の宣教師たちが人々に教えたのは「どちりなきりしたん」[1]と呼ばれる教理でした。信仰とは何か、死とは何か、天のみ国とは……、一つひとつに丁寧に答える教理を学んだのです。過酷な迫害の中にあっても信仰を貫くことが、やがて訪れる神の国とどのような関わりがあるかを知り、真の権威がどこにあるかを知らされたキリシタンたちは、過酷な迫害にも耐えうる信仰による生き方を生み出していきました。

しかし明治期のプロテスタント教会は信仰告白から三つの条文（「皇祖土神ノ廟前ニ拝跪スヘカラサル事」「王命ト雖モ道ノ為ニハ屈従スヘカラサル事」「父母血肉ノ恩ニ愛着スヘカラサル事」）を外し、日本人の内面の心情による抵抗感を排除した教会形成を試みました。そのため深い部分に楔《くさび》を打つことを回避し、教理よりも日本的な和の心を重んじて現実に適応する姿勢からスタートした日本のキリスト教会が、一九三〇年代から敗戦までの期間、国家の圧力に屈した歴史[2]を思い起こすとき、教理が現実の世界に生きるための深い力になっていたことを知らされます。

教会の事務管理運営という一見、この世のルールに従う内容を扱うときこそ、教会的思考が問われるのです。

教会会議、規約への理解を深める

教会の営みの中で、「教会として」意思決定をすることがあります。役員会での喜ばしい決定の一つは、試問会を経て洗礼の承認をするときでしょう。深い感謝と賛美を伴う役員会の承認（決定）であり教会全体の喜びともなります。受洗者の信仰決心に至るまでの人生の歩みをうかがいつつ、教会員の心が一つになるときです。また困難を予測しつつも心踊る決断として会堂建築を挙げることもできるでしょう。会堂老朽化に伴う建て替えのときには旧会堂でどれほど多くの方が礼拝を献げ、信仰告白がなされてきたかに思いを馳せつつ、新会堂建築の決議をします。旧会堂時の説教壇やオルガンを教会の記念として残すこともあります。会堂建築には多額の資金が必要であり、会堂建築の決定とは、教会員の献げる決断です。教会債だけではなく金融機関からの借入をすることもありますので、金融機関に提出する返済計画作成という知恵と知識も必要となります。

教会が決断をするときには、判断の基準が問われます。いつも全会一致で物事が決まっていくわけではありません。意見が分かれるとき、争いの少ない道を選ぼうとしたり、教会総会で声の大きい人に引きずられたり、狭い正義に立ちすぎて全体のバランスを崩しかけてしまうこともあります。

特に教会の事務管理運営の分野においては、「教会的」な判断よりも、この世での法令や会計・税務などの専門的な分野の仕事に就いている人々の意見が強く主張されることがあります。そして教会自体の事務管理運営が未成熟の場合、その強く主張される意見が「教会的」価値基準から見てふさわしいのかどうか、判断できないこともあります。教会の事務管理運営の分野における指針をしっかり持つことが教会を守ることになります。

また、教会の意思決定手続きの前提となる教会政治には、大きく分けて三つの制度があると言われています。その第一は教会の責任牧師に教会の意思が深く関わるとされる「監督制」です。この制度では役員会は責任牧師を支える補佐機関として機能します。第二は長老と呼ばれる役員を選出し、牧師も長老として加わり長老会を形成し、長老会で決めたことをもって主のみ心と信じ教会を形成する「長老制」です。三番目は教会総会にて一人ひとりが主のみ心を求めて祈って判断をし、牧師もまた主の前に一人の信仰者として意思決定に加わり、総会の議決によって主のみ心を聴き取る「会衆制」です。

少し粗い説明ではありましたが、この教会の諸制度は、教会が神様のみ心を知るために歴史を重ねてきた方法です。この制度や規約を信仰の具体的な現れとして理解せず、単に罪人である私たちが判断を間違わないための規則だと考えたのでは、キリスト教の歴史理解をないがしろにし、教会を治める規約が信仰から離れ、単なる危機管理としての規約になってしまいます。

また、例えば監督制の教会政治のあり方に対して中央集権的だと批判したり、会衆制の教会政治のあり方に対してもっと牧師がリーダーシップをとるべきなどの意見・批判をする場面があります。しかし、監督制の教会を「中央集権だ」とこの世の言葉で批判してくる言葉に対して、「いえ、私たちは民主的に教会を運営しています」と、この世の政治体系の言葉で返したのでは、信仰の言葉で教会政治を司っていることにはなりません。規約はどこまでも教会の営みにおける信仰の告白として理解されるときに意味をもち、教会としての意思決定につながっていくのです。

以前、私が集っている教会の役員会は、牧師のサバティカル（一年間の長期研究休暇）を提案したことがありました。常にアウトプットが求められる牧師の営み、公私の区別のつきにくい生活を考え、十分に学ぶ機会を提供することも教会の責務であると考えたからでした。一年近く牧師のサバティカルの提案を準備し、教会総会に諮りました。会衆制の教会であるため正式な教会の意思決定は総会の出席人数の過半数で決定します。さまざまな意見が出されましたが最終的に多くの方の賛成で提案は決議されました。総会後の役員会で牧師は、教会の意思決定に感謝を述べるとともに、「実は、何人反対したらこの提案を辞退しようかとずっと考えていました」と語りました。規約による教会の意思決定は過半数ですから、仮に総会出席者が六〇人だとすれば、三一人が賛成すれば、牧師のサバティカルは成立なのですが、その牧師はある一定以上（数人）の反対者がいたら再考しようと思っていたという主旨のことを話したのです。他の議案は僅差で決定したこともありますが、牧師のサバティカルのような案件では規約上正しいことを押し通すことがすべてではなく、牧会的配慮は規約の逐条解釈よりも優先することを実感した牧師の発言でした。

また、ある教会では財産管理のみを扱う宗教法人規則しか持たず、教会の信仰的規範となる教憲教規をもっていませんでした。その教会で残念なことに牧師の不祥事があり、牧師が辞任することになりました。教会的な考えでは戒規(3)に相当する内容でしたが、法人規則には戒規規定がなかったことから、「戒規は法人規則にない」と、その教会の役員会は判断しました。宗教法人規則は財産管理のみを扱う規則なので信仰的規範に基づく判断にはなじまず、そのため戒規などの信仰に基づく記述がないことは当然です。その財産管理の規則をもとに信仰的規範について判断することが、教会の意思決定にはなりえないことにその役員会は気づかず、さらに「裁いてはならない」「赦しが大切」という論調に傾いていきました。教会では戒規が執行され、悔い改めの期間を経て回復の時が与えられますが、そのケースでは教会的には未決着のまま時が過ぎていき、数年後にまるで何事もなかったかのようにその牧師は復帰をしていきました。戒規がないために教会からの回復が宣言されず、関係者の心に深い傷を残してしまいました。

非常に難しい判断に迫られ、私自身今でも何がふさわしい決断であったのか、心の痛む決断に関わったことがあります。決断後にも心が晴れずに悩んでいたとき、ある方が「これは共同体としての決断でした」と話してくれました。意見が分かれ全会一致に至らない結論でしたが、教会の適切な手続きに基づいて結論に導かれた以上、「共同体の結論」とし、それを主のみ心として受け止めて歩むことの大切さを学びました。

私の属している教会の群れでは、規約の中に「不服従条項」と呼ばれるものがあります。たとえ群れの決定でも信仰の良心に反する場合には不服従も可という条項です。これは戦時中の教会が国家および天皇制に屈服してしまった歴史を顧み、各個教会の主権を守るために組み込まれたと聞いたことがありますが、何が信仰の良心に反するのかという議論の余地が残ることや一般の組織の意思決定および危機管理という面から見ると問題のある規約と言われることもあります。「群れ」という表現を用いてきましたが、私の教会が属する群れは、個別の教会に主権があると考える各個教会主義に基づく連合体であるために、教会の真の自治権は「各個教会にある」という考えに基づいています。この世の危機管理の視点から論じたとしても、各個教会主義は信仰による確信なので、規約の「不服従条項」において妥協点を見いだすことは難しいでしょう。また同じ信仰告白をする教会の群れ全体をもって教会と考える教団であるなら不服従条項が生まれる余地はないかもしれません。規約には信仰のあり方、教会論が問われるものなのです。

現在の保守政党が示している憲法改訂案のように信教の自由が制限されていく時代に生きる私たちは、信仰に基づく規約を整え、この世のあり方に「否」と言う備えも必要です。このことを理解し、さらに教会規約と宗教法人規則をキリスト教的世界観に基づき理解していかないと、「法令も変わったのだから、教会も社会の一員として新しい法令に従うべき」という強い主張が、必ず教会の中で繰り広げられるようになります。教会の事務管理運営は、この世の法令遵守に仕える働きではなく、この世の法令遵守のあり方を信仰理解・教会論に基づいて思考し、教会が地に堅く立つための「戦い」の土台を形成するものなのです。

第三節　妥協でも二元論でもない教会の営み

せめぎ合いに生きる

教会の事務管理運営の分野が教会にとって、苦手意識あるいは信仰よりもこの世のこととされやすい理由を考えてみましょう。その第一は牧師の苦手意識、第二は取り扱う内容が法令、会計、税務などすでにこの世の基準が確立し、教会も原則的にはこの世の基準に従うことが求められること、そして第三は財政（お金）の現実的な力の前に、教会が無力感をもってしまう（かのように見える）ことでしょう。

以前、開拓伝道の最前線で経済的に苦境に立たされながらも熱心に奉仕していた牧師が、自らの心の姿を告白するように、転勤などでクリスチャンホームの方が教会に転入会を検討しているとき、その人が「お財布」に見えてしまったことがあると語られたことがありました。経済的厳しさは、私たちの視点をこの世の力に引きずり込んでしまうほどに強い力をもっています。

また、教会で牧師謝儀規定を定めようとしたとき、「規定を決めてもその金額を支払えない経済状況に陥ったら教会はどうやって責任を取るのか」という反対意見がありました。確かに教会には経済的保証というものはありません。しかし、謝儀規定違反にならないための責任回避より、現在の牧師とその家族の生活が支えられ、生活の問題に心を揺さぶられることなく、み言葉の備えと牧会に専念できる環境を整えるために祈り、献げる決意が大切にされるように役員会は教会の群れを導くことが求められます。

牧師謝儀に関しては遠慮もあり、お金については問わないことが美徳という意識も相まってなかなか真正面から取り上げにくいテーマです。教会の働きは宣教の実によって支えられるべきものですが、実際には牧師と牧師家族の忍耐と涙によって支えられてきたのが日本の教会の現実であることを私たちは心に刻むべきでしょう。それは牧師謝儀額だけの問題ではなく、教会総会などで謝儀に関する教会員の配慮のない意見が、牧師家族や子どもたちを悲しい思いにさせていることにも役員は思いを至らせる必要があります。

教会の経済的必要は主によって満たされるという信仰の確信をもちつつも押し寄せてくる教会の経済的厳しさの実態を目の当たりにするとき、戸惑うこともあります。その経済的必要への打開策としてときに「大口献金者」とひそかに呼ばれる人々を重んじ、その人たちの意見が大事にされるようになることもあります。まずは「大口献金（者）」という言葉を教会で用いないことが第一歩でしょう。安易な解決はありませんが、財政の現実を受け止めつつ現実に合わせてしなやかに工夫し、祈り、献げ、臨時の教会債などの工夫によって教会や宣教団体の営みが守られるようにすることも教会の事務管理運営の真価が問われる面です。

財政（お金）を筆頭に、この世におけるさまざまな現実を前に、やがて訪れる神の国の民でありつつ、未だに完成しない神の国の民として生き、教会をこの地に建て上げようとするとき、厳しい現実とあるべき姿の相克、せめぎ合いが起こります。そのせめぎ合いの中に神の現実を汲み取り、困難と祝福が常に同居し、ときに心が折れてしまいそうなときにも、忍耐と謙遜と信仰による希望をもって牧師と共に歩む教会役員会の形成こそ、成熟した教会を建て上げることにつながります。

教会の事務管理運営は、この地の法令遵守に属する内容を取り上げることが多いため、「そうは言っても教会だって社会の一員として現実的な判断をし、現実の世界を知る必要がある」という意見に振り回されることもあります。しかし、この地におけるせめぎ合いの最前線で教会的な考えをもって牧師と役員会が共に歩むときに、教会は地に立ち、教会になっていくのです。教会はいわゆるこの世で繰り広げられる現実を知ることで社会を知るのではなく、教会が建てられた地でこのせめぎ合いから逃げず、その地に足をつけて歩むときに、教会は教会として社会に生きることになるのです。

前述の牧師謝儀を決定するとき、牧師が「万が一、謝儀が出せないような状態になったら、そのことを牧師が一番よく知っているので、役員と共にその現状に応じた検討をするはずです」と言っていたことを覚えています。役員会と牧師がそのような信頼関係によって結ばれ、経済的困難・苦悩からも目をそらさず、献げる恵みと責務を思い起こしつつ、教会の歩みを形成していくことが教会役員の使命なのです。

問いを深めつつ生きる

次章以降で、教会会計や宗教法人法など具体的な教会の事務管理運営の分野について取り上げていきます。その一つひとつの分野において「教会とは何か」という問いを深めていかなければ、この世の基準や法令が教会においても正論にすり代わり、一定の会計基準を作ることで教会会計が成り立つかのように思われ、法令に関しては行政に通用する手続きを確認することに留まってしまいます。それでは会計基準や法令遵守が教会の良心として権威をもつ基準と理解されるようになり、教会の真の主権者の意図を聴き取ることが難しくなってしまいます。法令や基準そして社会常識が権威となって教会を揺るがすような事態に陥りかねないのです。

教会の事務管理運営の確立は、教会の権威を社会に明け渡すことなく、信仰の良心に反しない範囲での法令遵守については的確な対応をし、むしろ世の法令遵守を上回る高い倫理基準と判断力を培い、同時にこの世の法令や国家が神から委ねられた責任の範囲を越えて権威になろうとするときには「否」を唱えるだけの思考を身につけ、地に立つ教会の責務を果たす教会の戦いの基盤となるものです。教会の事務管理運営の充実は、神の国の民として教会をこの地に建て上げることなのです。

注

（1）キリシタン時代に平易な日本語で記された問答形式による教理書のこと。

（2）本書第二部第三章第二節「前身法令の宗教団体法」を参照。

（3）一八頁を参照。

第二部　実務における教会の営み

第一章　教会の会計

第一節　献金によって支えられるということ

教会は宣教の実によって支えられる

高校卒業後、私は神様の不思議な導きで教会に行くようになりました。一般書店でリビングバイブルを購入し、読者カードをキリスト教出版社に送ったところ、その出版社から私の家の近くの教会の牧師に連絡が入り、その牧師がわが家を訪ねて来てくれたのでした。そこから牧師との交わりが始まり、やがて牧師宅に招かれ、食事をご馳走になり、いろいろな話をうかがい、また話を聞いていただきました。牧師夫妻が会話の中で、「山崎君と会えたのは神様の導きだね」と、日常会話に「神様」という言葉が普通に入り込んでいることに不思議な感覚、そして照れ臭いような憧れのような気持ちをもったものでした。その後しばらくして教会の礼拝に行くようになったのです。

その教会は私の家の近くのミッションスクールの教室を借りて礼拝を献げていた開拓教会で、礼拝出席者が二〇人に満たなかったと記憶しています。宣教師が開拓した後、日本人牧師に引き継がれたばかりの教会で、牧師を支えるため経済的に大変厳しい状況にあったようです（当時、教会に行ったばかりの私には、教会の経済の厳しさは十分には理解できませんでした）。ただ礼拝の後、役員と牧師が「教会の財政のために祈ってください」と、心を込めて話していたことを思い出します。牧師は一度も「献げてください」と言ったことはありませんでした。

求道者時代、質素な牧師館に招かれつつ、食事をご馳走になったことを思い起こし、その後教会員として教会の会計報告を通して牧師謝儀の実態を知ったとき、このような経済状況の中で牧師は当時求道者である私を牧師宅に招き、お寿司をご馳走してくださり、多くの時間を割いてくださったのだという感謝の思いに溢れました。その生き方に触れたとき、自分の生活スタイルを省み、献金することに心を傾けるようになりました。牧師は、「富と神に同時に仕えることはできないので、私が神に仕えることができるように、神様がしてくださっているのですよ」と、いつも穏やかな笑顔で言われたことを今でも覚えています。

教室を借りての礼拝でしたので、祈禱会では会堂が与えられるようにと祈っていました。当時の教会は牧師の生活を支えることとさえままならない状況の中で、会堂のための土地建物を取得することなど、その時の正直な気持ちで言えば「夢のまた夢」といった状況でした。大学生になっていた私は、礼拝の帰りに、近くの畑を目にして「この地主がクリスチャンになって土地を献げてくれたら教会堂が建つのに……」などと考えたものでした。

大学入学後はKGKの活動に参加するようになりました。主事と呼ばれる学生宣教のために献身しているスタッフの給与は大変低く、ときに給与が遅配しているにもかかわらず、主事は副業が禁止され、学生宣教に専念することが求められているということでした。その牧師や主事たちの生き方から「主への献身、忍耐、そして経済という具体的かつ現実的な事柄においての神様への信頼」がキリスト教信仰には問われるのだということを肌で感じ取ったものでした。学生時代に、主に献身している大人と身近に出会い、その生き方や言葉に触れつつ歩んだことは私にとってかけがえのない宝の経験でした。経済という現実的な問題を、信仰の問題として受け止めて歩み始めるとき、教会が宣教の実によって支えられる第一歩が始まります。学生時代に「地主がクリスチャンになって土地を献げてくれたら教会堂が建つのに……」と考えたことは、自分の生き方は変えず、「地主やお金持ち」に頼りこの世の方法による解決策をもって、自分たちの礼拝の場所を確保しようという未熟な発想だったと、後になって気がつかされたのでした。

献金によって支えられるということ

教会は宣教の実によって支えられます。救われた私自身は宣教の実として「支える側」「献げる側」に立ったことを意識するようになりました。学生時代、ＫＧＫを通して「シンプルライフスタイル」という言葉を学ぶようにもなり、年収の増加に伴って生活を変えていくのではなく、自分の信仰の良心に従って一定の生活水準を心に定め、質素に生活し、献げる恵みに与ることを学びました。この学びの経験は、卒業して社会人として歩み始めたとき、意味のあるものとなりました。その七年後に、自分がＫＧＫの主事になっていることは想像もしていませんでした。

献金について考えるとき、お金を献げることに気持ちが集中しがちですが、生き方が問われることとして理解することが大切です。日頃から主のために時間を献げること、とりなしの祈りを献げること、病気や困難な方々へのお見舞いなどに表される心を献げること、自分の経済生活を信仰の良心に照らして整えることなど、一つひとつの生き方が献金につながっていきます。

人生そのものが献げる生き方に変えられていなければ、「献金」もまたいつのまにか自分の心の誇りとなり、「牧師を支えてあげている」「牧師は信徒に支えられている」という意識が生まれていきます。

献金という行為そのものが、会堂建築などの特別な会計を除き、基本的には礼拝式の中に組み込まれていることの意味を深く考えてみる必要があります。献金は私たちが救われたことの感謝、仕事が与えられていることの感謝、そして恵みの応答であり、感謝と服従を表すもの、献身のしるしとしての礼拝行為なのです。

私の集っている教会の礼拝順序では、礼拝説教後に賛美そして献金の時をもちます。献金当番が献金袋を集め、代表して祈りますが「献金感謝の祈り」とはせずに、「感謝祈禱」としています。その日の礼拝式のプログラム一つひとつを通し、そして中心的なプログラムの一つである説教後の祈りは献金のための祈りではなく、礼拝式を通して主への応答の祈りとなるということです。その応答の祈りの中に献金があると位置づけられているのです。

献金は「受けるよりも与えるほうが幸いである」（使徒二〇・三五）という生き方の一部であり、

祈りであり、礼拝行為でもあります。「豊かに与えられているもののうち、ほんの一部をお返しします」という祈りをときどき聞きますが、献金とは「ほんの一部をお返しする」ものではなく、私たちの献身のしるしであることを知るとき、祈りも生き方にも変化が現れてくることでしょう。献金の後の祈りの言葉に、献金に対する私たちの信仰の姿勢が現れるのです。

会計担当者になったら

教会の会計担当者になることは、難しそうでハードルが高いと感じるかもしれません。「私は数字が苦手だから……」と、多くの方が会計の奉仕に苦手意識をもっています。確かに会計は数字を合わせなくてはならず、日々の適切な事務処理が必要であり、複式簿記などを用いている場合はある程度の知識も必要となることでしょう。

しかし大切なことは、会計報告を具体的な教会の営みに寄り添い、この地に教会が歩むための信仰の告白として受け止めることです。

第二節　会計報告に表される信仰

会計報告

教会の会計報告書を手に取り、教会の歩みを心に刻みながら、じっくり見つめてみましょう。教会の規模によって会計報告の形式や金額は異なりますし、宗教法人格を取得している場合には財産目録も作成しています。複数の会堂や伝道所をもっている教会では、A会堂の会計報告とB会堂の会計報告が分かれ、さらに合算の収支計算書が記されることもあります。

会計報告から教会の霊的な歩みを読み取ることが教会会計のスタートです。

教会の会計報告を歴史的に見ると、順調に会計規模も大きくなっている時代もあれば、徐々にあるいは急激に下がっている時期もあります。教会として忘れてはならない痛みと悔い改め、そして回復と前進の歴史を、教会会計から読み取ることができるかもしれません。会堂建築の時には、一般会計の収入が減ると心配していたにもかかわらず、一般会計も会堂建築会計も共に必要が満たされたことを知って主をほめたたえたこともあるでしょう。

宣教師の後、日本人牧師を招聘し、牧師を支えることで生じる赤字もありますし、退職金引当を始めることもあります。

財政が厳しい時期には教会が心を一つにして祈り合ってきたにもかかわらず、収入が増えることで役員会での意見が分かれ、黒字になるにつれ生き生きとした教会活動が停滞してしまうことや、赤字から突然黒字決算になったのは教会所有地の不動産を賃貸に出したことによる黒字であって教会の成長にはつながっていないこともあります。

会計というと収支計算書をイメージすることが多いのですが、貸借対照表や財産目録も大切な会計報告の一つです。教会会計の場合は、収支計算書には何の変化がなくても、財産目録に突然「土地建物」が追加されていることもあります。それは、教会の牧師個人住宅もしくは教会員の住宅を善意で利用させていただいていた実態を、不動産の所有者から寄付を受け宗教法人格取得に伴って「教会の財産」になったことを表しているかもしれません。そこには不動産を献げてくださった方の信仰を財産目録から読み取ることもできるのです。

会計報告とその時代の週報や記念誌から教会の営みを読み取り、会計報告が他の教会の文書（週報、議事録、さまざまな機関誌）とどのように関連しているかを学び取ることも教会会計担当者の成長のために役に立つでしょう。

教会財政規模が大きくなっていくことが必ずしも霊的祝福につながっていない時期もありますし、教会が恵まれているからこそ財政規模が延びている時期もあります。同じ数字でも、その教会的意味を探るためには、他の文書と一緒に会計報告を読み解くことが大切です。その歴史を踏まえた会計報告を作成するとき、役員会や教会総会での会計担当者の会計報告や説明の仕方に、言葉の重みの違いが表れてきます。その言葉の違いが、実は教会としての大きな違いとなり教会会計が信仰の表明になっていく土台を形成していくのです。

会計報告には正確さと共に見やすさ、全体像の把握が大切です。正確ではあっても、あまりにも細かいために全体像が分かりにくい会計報告になっていることもあります。それでは多くの教会員が理解することはできないでしょう。そのためにも、全体像を分かりやすく提示した会計報告概要と、丁寧な会計報告の二段階に分けることも一考に値するかもしれません。

勘定科目

(1) 収入

会計報告は慣れないうちは、勘定科目と数字の羅列にしか見えません。最初は誰でもそうです。まずは収入の欄を見てみましょう。皆さんの教会では収入に関してはどのような科目が並び、どの科目が教会の中心的な収入を支えているでしょうか。

教会によってさまざまな科目の表現を用いています。また科目の分け方にも違いがあります。ある教会では「経常献金」という大科目の下に月定献金・礼拝献金・教会学校献金・集会献金とし、特別献金収入として夏季献金・クリスマス献金・感謝献金などとしています。どれが「正解」ということではありません。それぞれの教会の信仰のあり方に基づいて決めれば良いのですが、一つひとつ考え抜いた言葉を選択します。それは教会を支える「言葉」として理解するからです。

教会には指定献金もあります。会堂建築積立献金や車両購入指定献金など内部の必要のための献金と、宣教師への指定献金や超教派団体への献金があります。特に後者の外部への献金は教会への直接的な意味では収入とはならないために会計的には「預り金」の性質をもちますが、教会としての収入として受け入れ、教会からの献金として外部に献金します。これは、超教派団体の働きもまた教会の働きであり、教会によって支えられることの証しとしての献金として理解するからなのです。

科目	備考
月定献金	什一献金、礼拝献金などとも言われます。
感謝献金	イースター、クリスマス、出産、就職、進学など。
集会献金	主日以外の集会における席上献金など。
指定献金（内部）	会堂建築指定、車両購入指定、神学生支援献金など。
指定献金（外部）	超教派団体への指定献金、海外宣教師指定献金など。
その他の収入	

また科目の順番は、収支計算書の一番上の段から順に教会にとって柱となる科目が順番に並んでいるでしょうか。会計報告には正確さを前提としながらも意味が込められていますので、収入科目の上から順番に重要な科目になっているか検証してみましょう。その順番に従って、教会の営みに寄り添いながら役員会や総会で会計担当者が説明を始めます。

(2) 支出

勘定科目の順番は、支出においても同様です。収支計算書の最初に記される科目は何でしょうか。宣教や教育に関することが上位に来ているでしょうか。改めて考えてみるとき、会計報告には実に意味深い意図が隠されていることを発見することでしょう。

支出の勘定科目で大切なものの一つに牧師謝儀があります。「牧師給」という言葉を用いている教会もありますが、性質的には労働の対価としての給与ではなく、教会の務めに献身した牧師への感謝の意味を込めて「謝儀」あるいは「謝礼」と表現することがふさわしいと考えます。勘定科目の名称についても教会らしい言葉を選びたいものです。この点は第二章「牧師の待遇」で取り上げます。

外部への献金などは適切になされているでしょうか。教会は基本的に与える存在であるときに祝福されていきます。決して教会に潤沢にお金があるから外部献金をするのではありません。赤字になりそうだから外部献金を減らすということだけでは、教会の祝福につながりません。超教派の働きもまた教会の働きであるという理解に基づいて献げます。その献げている諸団体から宣教報告をしていただくために講師をお招きすることを、教会会計の立場から役員会に提言することも、会計担当者の教育的奉仕の一つです。

予算を立てるとき

予算の立て方は、教会によってずいぶん異なるのではないでしょうか。会計担当者が「昨年比二%アップの予算を立てました」と言って、よく吟味しないままに役員会や総会で承認されてしまうこともあります。また、来年度の方針などを決め、計画を立て、その計画にふさわしい金額を割り振る予算作成をしている教会もあります。

日本の小さな教会では、昨年対比で大幅に収入が伸びることは少なく、まず支出を積み上げていき、支出の合計がどうしても収入額を超えてしまう、つまり赤字予算になってしまうことが多いのが現実でしょう。予算に関する役員会で沈黙の中から、牧師が謝儀を下げることを申し出、役員としてはそれに心を痛めながら了承していくような厳しい現実もあります。牧師謝儀規定が整備されていることが少ないために、さらに苦悩をもたらすこともあるでしょう。

また経済が厳しいときに、外部献金も削られる対象の一つです。宣教団体や超教派団体の働きもまた教会の働きであると理解しつつも、まず目の前の教会の必要、牧師謝儀の必要を考えると、どうしても後回しになってしまいます。

このような苦悩から心をそらさず、真正面から祈り、献げ、知恵を尽くして厳しい教会会計を乗り越えていくために献身していく役員会は、この予算作成の過程を経て成長していくのです。予算作成のときにこそ、会計担当者に一任ではなく、役員会そして教会員で共に教会の現実を知り、祈り、献げる決意へと導かれていきたいものです。

教会も社会の経済動向にある程度影響されながら歩んでいます。一九八〇年代後半からのバブル経済時期、その後の失われた一〇年と言われた不況時代、再び回復に向かいつつあったときに訪れたリーマンショックなど、そのときどきの経済状況に影響されてきていますし、それが教会の会計状況に反映しているということも事実です。不況時に教会員から言われるのが「今は不況で一般社会でも待遇（給与）は下がっているのだから牧師の謝儀を下げることも検討してはどうか」という声です。しかし好景気のときに牧師謝儀は上がるということはありません。私は好景気に牧師謝儀を上げるべきと言っているのではなく、好景気のときには何も気にしていない牧師謝儀を、不況のときには話題に上げる教会の姿勢を問いたいのです。

私がかつて属していたＫＧＫの主事の給与遅配は一九八〇年代後半からのバブル経済絶好調のときにも改善されませんでしたし、収入も特別増えることはありませんでした。しかし不思議なことに一九九三年以降のバブル崩壊と言われた時期にも献金は下がることなく、どのような経済状況においても常に微増を続け、まさにバブル経済が崩壊しデフレ経済が始まった一九九六年に長年続いた給与遅配がなくなり、それ以降、賞与額においてはある程度の調整がなされたことはありましたが、一度も遅配を経験していません。バブル経済の崩壊のために経済が厳しくなったと耳にすることが増えたにもかかわらずです。そこに献金の本質があるような気がしています。

予算作成は、教会の歩みを考えるための大切な機会です。だからこそ単年度だけでなく過去からの予算作成の根拠、そしてその結果（決算）を合わせて教会の営みを読み解き、次年度の予算作成に役立てるように心を用いていただきたいのです。

赤字予算のとき、根拠なき「特別献金」に数字を当てはめて、予算上の収支を合わせてしまうことがあります。例えば、支出額を積み重ねて予算を作成し、現実的な収入予算を考えると、どうしても一八〇万円ほど足りなかったとします。そのときに、最も安易な方法としては収支計算書に特別献金として一八〇万円を計上して、予算を成立させてしまうことです。そして「信仰によって期待しましょう」と一言で終わらせてしまいます。赤字予算を立てるのは不信仰であるかのような雰囲気さえ生まれるのが教会の現実です。やがて決算を迎え、やはり一八〇万円ほど不足し、牧師謝儀の一部が削られてしまうとき、「信仰によって期待しましょう」と言ったことさえ忘れて、「赤字だから仕方ないですね」と牧師謝儀を含む一部にしわ寄せが行っても、「信仰によって責任をとる」ことに思いを馳せることが起こらないのが教会の現実です。

予算を立てるということは、教会の宣教の働きに責任をもつことであり、その予算を承認した教会員としてこの地に堅く立つ教会に仕えるために、一人ひとりがなすべきことについて考え直すことなのです。

決算を組むとき

決算は、予算作成時つまり新年度に向けてさまざまな計画を立て、祈りをもって歩みを始めたときの教会の意思を振り返る作業です。会計担当者としては、毎月の会計報告にどれほどの教会活動と人々の心に寄り添った会計報告をしてきたかを思い起こしながら決算報告書を作成します。決算報告はすでに起こったことの正確な記録ですから、誤った数字にはならないという前提をもちつつ、決算についてのいくつかの課題を考えていきましょう。

収入科目において予算と大きく乖離した数字があった場合、その理由を考えます。予算に問題があったのでしょうか、それとも一年間の間に教会に大きな出来事があり、数字が変化したのでしょうか。年度の途中で予期しない出来事があり、収入が増えることもあれば予算額に全く達成しないということも起こります。単なる数字合わせだけではなく、その教会的意味をしっかりと受け止め、その教会の営みを数字と共に言葉にして表せるように努めることが教会会計担当者の奉仕です。

各支出科目については、予算執行管理が十分でないための予算超過はないでしょうか。予算を超えての支出は原則として認められませんが、教会会計の特性上、予算超過不可のように厳密にやりすぎると身動きが取れなくなってしまいますので、予算超過した場合には一定の手続きを経て支出超過を確認してきたことも、決算報告時に補足する必要があるでしょう。

牧師謝儀の話に戻りますが、何らかの理由で予算化していた謝儀をお渡しできなかったときには、実際には「未払費用」として受け止めて記録に残し、謝儀をお渡しできるときに、まとめてお渡しできる備えをすることも、教会的な決算を組むにあたって大切なことです。

また感謝なことに収支が黒字になったときには、すべてを繰越金とすることも可能ですが、教会内の正当な手続きを経て外部宣教団体や超教派団体へ献金することも良いことでしょう。会計担当者および役員会は、決算報告書をもとによく備え、予算との乖離、未払費用、予算超過、繰越金の用い方まで検討します。そこまでが決算となります。

決算において信仰の良心と現実の狭間に悩むこともあります。例えばある教団では、教団への負担金は教会の収入の○%と決まりごとがあります。しかし、会堂建築会計の収入は除外してよいというルールがあるとします。その場合、決算において一定の金額を会堂建築会計に計上することで負担金が少なくなりますので、決して豊かではない教会会計のために、会堂建築会計に収入を入れることで負担金を減らそうとすることと、教団内の教会としての責任も果たしたいという思いの狭間で悩むことも起こります。何が教会としてのふさわしい決算なのかを考え、一つひとつの決断を積み重ねることが教会の堅固な土台となっていくのです。

第三節　会計実務の確認事項

一定の約束事の確認

教会会計に対する姿勢について述べてきましたが、会計実務に関しては一定の約束事が必要です。会計担当者が苦悩しないため、さらに継続的に同じ判断をするため、また担当者の幅のある解釈によって会計の恣意的な判断が行われないため、そして何よりも教会に与えられた献金がふさわしく宣教のために用いられるために、会計実務に関しての一定の約束事が大切です。

一般の組織では、「会計基準」という会計処理の約束事があり、その約束事に則って会計処理がなされます。しかし、宗教法人には定められた会計基準がありませんので、それぞれの良心に従って会計報告を作成していきます。キリスト教会および宣教団体は必ずしも法人格をもっているわけではなく任意団体であることも多いため、ますます「会計基準」からは遠い歩みをしています。宗教法人格を取得している教会では、役所に提出する書類としてひとまず、財産目録（と収支計算書）があれば良いことになっています。

一般的な複式簿記による会計計算書類としては損益計算書と貸借対照表が挙げられます。宗教法人の備え付け書類の収支計算書と財産目録とは一見似ているように思われますが、概念の異なる計算書類です。計算書類の作成にあたってはそれぞれの約束事があり、教会会計をどのような約束事に立って会計処理をするかを定めるのが「会計基準」です。

その約束事を定める参考として日本キリスト教連合会では、「キリスト教会会計基準」を作成しています。また日本キリスト改革派教会の会員である宮本善樹氏は『教会会計——基礎から実務まで』（教文館、二〇一六年）を著し、会計基準の大切さを提唱しています。さらに日本公認会計士協会からは「宗教法人会計の指針」が出され、「この指針に準拠して宗教法人の会計が行われることは、会計的整合性や適切な情報開示の観点から望ましいと言えます。また、宗教法人が信者等に対して会計の説明を行う場合に、この指針に準拠して行っている旨を述べることで説明義務を果たすことができるという効果も期待できるでしょう」と、計算書類として収支計算書、財産目録、正味財産増減計算書の三種類を作成することが提唱されています。会計基準を設けることは大切なことであり、その会計基準に基づいた会計処理がなされた上で、さらに教会的な判断がなされていくことがふさわしいことは言うまでもありません。

しかし、会計基準のレベルを高くすると、会計奉仕をできる人が限られてしまい、一部の方が長く会計の奉仕をすることになってしまうことが教会の実態ではないでしょうか。

そのため会計に関しての約束事についても現状に合わせて会計基準を整えていくことが実際的でしょう。会計的実務においては初歩的であったとしても、教会的判断が重ねられ成熟した教会会計になることは可能です。

基本的に小規模の教会では複式簿記などの運用は難しいはずです。市販の会計ソフトを購入する

損益計算書	一定の期間にどれだけの利益を出したかを表したもので、それを収益・費用・利益の３つの分野から計算したもの。
貸借対照表	ある時点における財政状態を資産・負債・純資産の３つの分野で表したもの。
収支計算書	計算期間の収入（資金の増加）と支出（資金の減少）を表示したもの。
正味財産増減計算書	資産から負債を控除した正味財産の増減を示したもので、正味財産とは純資産のこと。

と多くの場合「損益計算書と貸借対照表」によって運用されるため、正確な意味での収支計算書になりません。非営利団体用の会計ソフトは高額であり、購入しても運用が難しく十分な機能を使わない結果になってしまうことでしょう。そのため、小規模教会では単式簿記で現金出納帳をベースにして記録をつけ、後から科目別に支出を分けるのが良いでしょう。この方式は最も簡易な方法であり、この会計処理だけはどのような小規模な教会でもできるようにならなくてはなりません。

そのような簡単な会計であったとしても教会としての会計の約束事を定めておくことが会計実務上の助けになります。その簡易な約束事のいくつかをご紹介します。

(1) 必ず二人（以上）で現金処理をすること

必ず二人（以上）で現金を扱います。開拓教会の場合は、牧師が会計までする場合がありますが、可能な限り牧師が会計に携わらないように配慮しましょう。

(2) 現金主義

収入や費用に関して、その現金の受け渡しの時点で取引が確定するという考え方です。例えば、礼拝のために集会スペースを借りている場合、一般的には毎月月末までに翌月分の家賃を支払います。五月分の家賃は四月末に支払いますが、四月末に支払った事実をもって四月家賃とする考え方です。厳密な発生主義会計では、四月末に支払った家賃は前払費用として計上し、五月分として家賃計上されます。

電気代を例にとると一二月分の電気代は一月にならなければ分かりませんが、会計年度が一月から一二月の場合、会計は一二月末日で締めることになります。会計の原則としては、一月に光熱費が確定してから一二月にさかのぼって経費を計上し、一二月末時点では未払い費用を立てます。しかし、教会では毎月支払った月の経費をもって費用とするという現金主義を採用することで、会計処理が簡単になり、単式簿記でも対応できるようになります。このような簡単な約束事を決めておきます。

(3) 経費の清算方法

経費の清算には必ず領収書が必要という約束事も必要です。領収書を教会の会計係に持ってきて現金清算をする際、その費用が予算計上されているものであることを確認するために、担当役員や予算執行状況を確認するためのプロセスを経るようにルール化することは意味のあることです。

⑷予算執行の約束事

おそらく予算の時点で予備費という項目が設けられている教会が多いと思われますので、予算超過するときの手続きを決めておくことも大切です。ただし、あまりにも厳しく予算超過を制限すると身動きが取れなくなってしまいますので、ある程度柔軟に考えます。

実際にこんな事例を聞いたことがあります。毎週週報を印刷している教会の印刷機が壊れてしまいました。印刷機が壊れることは予想外でしたので予算化していません。教会の週報印刷という大切な役割をしている印刷機でしたが、購入には六〇万円ほどの金額がかかります。予算化していないため教会の臨時総会を開いて修正予算を承認しなければ印刷機を購入してはならないという意見がありました。教会総会開催には時間がかかります。一定の準備をし、議案書を作成し、公示します。その間、週報印刷もできません。このような場合でも教会の規約に基づく臨時総会が必要なのか、それとも役員会判断で購入が可能なのか、役員会判断には上限いくらまでなら臨時の判断の責任が委ねられているのかなど、一定の約束事およびそのような状況に臨機応変に対応できるための信仰に基づく良識的な判断ができる役員会形成および教会形成も必要でしょう。

⑸資料の保管方法

会計の証票書類の保管方法についても継続的に保管できる方法を決めておくことです。ある会計担当者はノートに日付順に領収書を貼って保管していました。次の担当者は、ファイルを購入して勘定科目ごとに糊付けしていました。さらに担当者が代わると月毎にクリアファイルに領収書を束ねて入れていました。それぞれ正確に証票書類は保管されているのですが、そこに一貫性がないために過去にさかのぼって会計を確認することは大変な作業になってしまいます。

(6)議論の分かれる減価償却

議論の分かれる減価償却費について言及しておきます。減価償却とは会計学の定義によれば「固定資産の取得価額を耐用年数(使用可能期間)に費用として配分(減価償却)する際に各期間に計上する費用のことである。通常、固定資産は長期にわたり使用することで資産そのものが劣化・陳腐化する。そこでこの価値の減少を財務諸表上適切に表示するために減価償却を行う。原価から控除する形で資産の価値を減少させるため、実態に近い資産価値を表示することができるようになる」とあります。一般の教会員にはこれを読んでも何を言っているのか分からないでしょう。

少し単純化して説明します。例えば自動車を一二〇万円で購入します。教会の会計報告で普通に考えると収支計算書における自動車の購入費は一二〇万円ということになるでしょうが、一般の複式簿記では資産として一二〇万円が計上され、耐用年数が六年の場合、毎年二〇万円ずつ価値が減少していくと考えますので費用は二〇万円が六年間計上される仕組みです。これによって現在の正しい資産状況が分かります。

前述の宮本善樹著『教会会計』では減価償却は必要であるとし、公認会計士協会の「宗教法人会計の指針」では任意とされ、日本キリスト教連合会の会計基準では「減価償却を教会に強制することはなじまない」と記されています。

以前、ある宣教団体の理事会で、減価償却をすべきかどうかずいぶん議論になりました。実態は会計に詳しい数人の方々の激論となるだけであって多くの牧師や理事はほとんど理解しないままに議論が上滑りし、最終的には減価償却をすることになりました。しかし、その後の備品の購入や修繕において本来資産として計上すべき取引においても、費用として計上しているため減価償却の対象にならず、あまり意味のないものになっているのが現実です。

収益事業をしていない場合には減価償却は教会にはなじまず、理解もされない事柄となり、また難しいイメージだけが先行して教会会計を教会員からさらに遠ざけることになってしまいます。教会会計は、その実態や信仰の現れとしての会計報告という側面が抜け落ちたまま、正確性を追求することは控えたいものです。

第四節　特別会計

会堂建築会計

通常の教会の営みを支える会計とは別に、特別な目的のために設定される特別会計を組むことがあります。その代表的な例は会堂建築会計でしょう。通常の会計と規模も違いますし、場合によっては教会債あるいは金融機関からの借入への対応も含まれます。特に金融機関からの借入の場合には、さまざまな手続きも必要になります。宗教法人格をもっている教会の場合には、「公告」など、法人規則にも心を配ることになります。

会堂建築は教会に駐車場の有無、ご年配の方々や必要のある方々のためにエレベータが必要か、牧師館を併設するかどうかなど、さまざまな意見が出ます。その度に設計が変更され、資金額も変更されます。意見が合わずに衝突することもあり、金額と教会の営みは常に並走するのです。

ある教会が会堂として中古の住宅を購入しました。場所や金額も適切と思っていましたが、その建物は過去に行った「建増し」が違法建築物となり、そのままでは宗教法人の境内建物としては登記できないことが判明しました。専門家に相談した結果、購入時に工事を施し、登記可能になりましたが、工事費がかかり当初検討していた予算を上回ってしまいました。

別のケースでは宗教法人の非課税に詳しい方が予算作成担当をし、取得時の登録免許税や不動産取得税などは非課税と考え、税金支払い不要の予算を立てていました。しかし、実際に手続きを担当した教会員にはその知識がなかったために必要な手続きをせず、課税となり予算超過してしまった例もあります。

大切な献金ですから、十分な調査をし、信頼できる専門家に聞きながら購入手続きを進めることをお勧めします。専門家に依頼することは費用がかかることも理解しておく必要があるでしょう。

教会関係の弁護士など、専門家の知識と経験という付加価値に対して費用をお支払いすることは当然のことです。会堂建築会計もまた会堂建築の歩みに寄り添い、しかもこの世の法令や税務に心を配りながら進めます。

目的別指定献金

その他、教会にはさまざまな目的に従った特別会計があります。目的別指定献金は一般会計と分けて管理するため、関心が薄くなることがありますが、一般の教会員の目に触れる会計報告を心がける必要があります。献金はその献金時の意図に従って用いられることが原則で、「宣教師のために」あるいは「○○のために」と指定された献金は、そのために用いられることが前提です。

目的別会計に残金があるにもかかわらず教会の一般会計が厳しくなることがあります。同じ教会の会計の中で、目的別会計には残金がありながら、一般会計が厳しいために牧師への謝儀が滞ることさえ起こりえます。目的別会計はたとえ一般会計が苦しくとも手をつけてはならないという考え方と、目の前の必要を最優先しようという考え方があるでしょう。

このような難しい判断に備え、常に会計報告を明確にし、そこに教会的判断が寄り添うような説明をすることを心がけ、目的別会計から単に流用するのではなく一旦内部借入とし、上限を定めつつ返済をしていくことや、さまざまな工夫をし、知恵を尽くして教会運営することが求められます。

牧師謝儀と関わるような案件について、なるべく牧師およびその家族に精神的な負担をかけない配慮を心に刻みたいものです。

第五節　収益事業会計

収益事業をしている教会の場合、その収益事業会計を一般会計から区分して損益計算書および貸借対照表を作成し、納税の義務も生じますが、本書では教会および宣教団体における理解と視点について確認します。

教会における宣教の働きは宣教の実によって支えられることが大切ですので、赤字補塡のために教会の不動産の一部を賃貸にして家賃収入によって補塡することはなるべく避けたほうが良いでしょう。収益事業を始めたために固定資産税だけでなく、法人税もかかるようになり想定外の支出が生じ、思ったように手元にお金が残らず、区分経理などの難しさも増し、同時にその収益金がなければ歩めないような教会の営みになってしまうこともあります。

キリスト教出版社や宿泊研修施設など、宣教の理念を掲げながらもその業態としては収益事業という団体の場合は、しっかりとした経理・会計システムを構築し、納税をし、責任を果たしながら宣教活動に励むことになります。

宣教団体はその性質上非営利であり、宗教法人もしくは特定の非営利の法人であるべきという根強い誤解があります。宣教活動ではあっても、その業種が税法上では収益となる業種がありますが、税法や法人格による分類によって宣教の働きの理念が左右されることはありえません。教会の働き、宣教の働きはこの世の法令の枠組みを超えた自立的活動でありつつ、法令遵守するということにすぎません。「宣教＝非営利＝非営利法人格」、そして「株式会社＝利益追求」という単純化した考えから自由でありたいものです。この件に関しては第三部「教会と宣教団体」で取り上げます。

第六節　会計担当者の育成

教会的視点をもった会計担当者の信仰の姿勢は、教会を建て上げる大切な役割であることをご理解いただけたでしょうか。会計担当者の育成というと会計の知識に偏りがちですが、最も大切なことは教会の営みに寄り添う会計方針、会計報告が「教会の言葉」になることです。その「言葉」を紡ぐことに心を用いる会計担当者を育てることが大切です。

教会の営みに寄り添うことなく会計実務能力が優先されると、教会会計実務の粗さや前任者の実務に対して批判的になったり、一気に会計実務レベルを上げようとし、かえって教会の混乱につながることもあります。「教会会計とは何か」をまずしっかりと心に定め、その「教会会計にふさわしい実務」として、一般的な世界で用いられている会計実務・簿記などの知識が生かされていくのです。

第二章　牧師の待遇

第一節　牧師を支える

牧師を支えるということの意味

教会の事務管理運営実務の最初に「教会会計」を取り上げたのは、教会会計は教会を支える上でも、私たちの実際の生活の上でも身近な課題でありながら、その実務の大変さ、ある程度の専門的知識が必要なことから遠くに感じてしまいがちだからです。教会会計の背後には、献金を献げる一人ひとりの信仰の姿勢とお金の使い方という信仰の具体的な歩みが存在しています。その意味では信仰の具体化の最前線であるとも言えます。

この章ではその教会会計の中心的な位置を占める牧師の待遇に関わる項目を取り上げます。会計報告における勘定科目の表現は教団や教会によって異なりますが、原則的には会計報告に「牧師謝儀」の項目があります。「原則的」と表現したのは、宣教師が牧師を務めている教会では牧師謝儀は派遣している宣教団体が担っている場合もありますし、また無牧教会のように牧師謝儀が発生していない場合もあるからです。この牧師謝儀を中心に、牧師館や社会保障を含む牧師を支える内容、一般的な言葉で言えば牧師の待遇ということについて考えます。

牧師の待遇は、信徒の側も教会の中で話しにくいテーマであり、牧師の側も教会から受け取る金額の話は切り出しにくいものです。一般の言葉で言えば牧師自身が利害関係人であるために言い出しにくい面もありますし、経済のことはすべて主に委ねるという牧師自身の信仰のゆえに待遇については尋ねず、「役員の方々のご判断にお委ねします」という応答をすることもあるでしょう。

教会の総会などで牧師の待遇のことが話題になるときには既に、水面下で不平や不満が重なっていることが多く、何かのきっかけで吹き出すように話題になることがあります。待遇についての話題が表面化してしまうときには、その交わされる言葉の背後に普段は牧師が聞くことのない牧師の待遇への教会員のさまざまな反応があり、同時に教会員には届かない牧師とその家族の声なき声があります。それぞれの立場（牧師、牧師家族、役員、信徒）に対し届けるべき声、耳を傾けるべき声、そして届けてはならない声があります。

ある教会で牧師館について教会員にアンケートをとったときのことを聞いたことがあります。さまざまな意見があり、必ずしも役員会の検討していた内容に賛成の意見ばかりではありませんでした。役員会が検討している意見と異なる意見であっても、役員会は丁寧に耳を傾け、異なる意見から学ぶ姿勢をもつことが必要です。しかし、一つのアンケート内容だけは、あまりにも誤解に満ちた棘のある言葉に溢れていたので、その内容だけは役員のみで共有し、牧師に伝えないことにしたということでした。その役員会では異なる意見を聞く謙遜さと共に、教会を壊してしまうような言葉に対して毅然として立ち向かい、それらの言葉を不用意に牧師に届けないことを選んだということでした。牧師の待遇という難しい問題に対して、溢れ出てくる声をふさわしい言葉に整え、教会の中にしっかり着地させることも教会の事務管理運営の大切な使命の一つでしょう。

私の集っている教会の礼拝に「こども信仰問答[1]」というプログラムがあります。毎回一つの質問を牧師が問い、答えを確認します。その中に左記のような問いと答えがあります。

問　教会とは何ですか。
答　教会とは、イエス様を救い主と信じる人々の集まりです。

問　教会が教会であるために、なくてはならない二つのものは何ですか。
答　神のことばの説教と礼典です。

これらの「こども信仰問答」は、礼拝に子どもも一緒に出席することを定めたとき、子ども向けのプログラムとして考えたことから生まれたものです。このプログラムによって子どもたちの信仰が礼拝の中で育っていきました。同時に、大人たちにとっても基本的な教理の学びにもなりました。

この信仰問答で「教会であるためになくてはならないもの」として挙げられている「説教と礼典」を司る存在が牧師であり、その牧師を支えるものが牧師の待遇です。牧師の待遇を整えることは、教会になくてはならないものを整えることであり、教会の中心的な働きです。牧師の待遇を整えることは教会の務めであると理解することから、このテーマについて考えていきましょう。

「教会は、もとより、正典、信仰、職制の三つの座標軸によって、はじめて具体的で可視的な姿を見せる」（関川泰寛『聖霊と教会――実践的教会形成論』）とあるように、教会は、正典である聖書、信仰の内実を言い表した信条や信仰告白、そして神の言葉を取り次ぐ説教と礼典を執行する牧師と信徒の役員の存在によって整えられていきます。そして、教会で語られる「説教」は、教会の群れと共に歩む牧師の人生、人格を通して語られます。み言葉を語るために召された牧師が、教会に遣わされ（あるいは招聘され）、教会の群れと人生を共にします。牧師にも家族との生活がありますので、牧師を支えるということは牧師の家族を支えることも意味するのです。

牧師の待遇を話し合うためには、役員会と教会の成熟が求められます。私たちは待遇・お金に関して教会的なものの見方をすることに慣れていないばかりか、社会経験や自分の経済状況を基準に物事を考えることにあまりにも慣れすぎているからです。牧師の待遇というテーマを真正面から取り上げ、教会的に考えることは、成熟した教会形成への第一歩となっていくのです。

牧師の待遇とは

「牧師の待遇」という言葉を使ってきましたが、この言葉の意味を改めて教会的に捉え直してみましょう。一般的に「待遇」という言葉を用いるときには、勤労者に対する給与および勤務時間その他の条件とそれに見合う報酬全般を含める言葉として用いられています。

本書でも「牧師の待遇」という言葉を用いながらも、「牧師給与」という言葉を使わずに「牧師謝儀」という言葉を用いてきました。「給与」という言葉を用いる限り、どこかに「労働の対価としての報酬」「雇用者と被雇用者」という気持ちを役員や教会員が持ってしまうことがありますが、それでは牧師の待遇を教会の言葉に整えることができなくなってしまいます。牧師就任が任命制であろうと招聘制であろうと、教会は牧師を採用・雇用するとは決して表現しません。そこに牧師の待遇を考える中心があります。

本書では牧師への謝儀、牧師館の提供、社会保障制度の適用、研修やサバティカルなどの有無、退職時謝儀（退職金）、定年制などの総称として「牧師の待遇」という言葉を用います。教会はその一つひとつに丁寧に対応していくことが求められます。一つの地域教会だけでは解決できないこともありますので、教団やそれぞれの教派、群れの取り組みとすることも必要でしょう。

教会が教会であるための「説教と礼典」を整えるため、教会は牧師にその責務を委ね、その牧師の全生活を支えようと決意します。牧師とその家族の全生活が守られるものを教会は祈りをもって精一杯提供します。

教会的視点では「謝儀」であっても毎月定額が牧師の口座に振り込まれている場合には、行政からは給与とみなされて諸税金を納めます。

この「謝儀」と「給与」という両者の考えは、厳密にはかみ合わない考え方ですが、実際の牧師の生活が守られることを深く考え、この世の制度とのせめぎ合いを知恵と忍耐をもって調整し、地に立つ教会の言葉を整えていくことが、教会の事務管理運営という名の宣教なのです。

牧師が着任するに当たって

教会に牧師が着任する手順は、教団・教派・教会によってさまざまです。教団から任命されてその教会の牧師になる制度もあれば、教団理事会と牧師本人と教会の合意形成をしながら着任を検討していくケースもあります。教会が独自に招聘委員会を形成して牧師をお招きする場合もありますし、教会が待遇を含めた条件を明示して公募に近い手順をもって牧師を招くこともあるでしょう。単立教会の初代牧師の場合には最初に牧師ありきということもあります。

私の所属する教会は会衆制であり、所属の群れは各個教会主義の考えのもと教会独自で牧師招聘することになっています。牧師が神学校の責任者になるため離任することになり、教会に招聘委員会を発足させ、私もそのメンバーの一人となりました。その委員会の中で離任する牧師から着任当時の話をうかがうことがありました。私にとって牧師の招聘および待遇を考える上でとても考えさせられる内容でした。語られた第一のことは「み言葉を語ることを召しとして受け取っているかに関して教会からの確認がなかった」ということでした。教会の信徒は神学校で学びを修めた方々はすでに牧師としての召しを受け取っていると理解しています。しかしよく考えてみると神学校で学びを修めたとしても、教会の群れにみ言葉を語ることに召されているのか、宣教師として宣教地での働きに携わることに召されているのか、あるいは聖書翻訳や神学教育などの専門的な働きに召されているか、その召しはさまざまです。牧会者としての召しを確認することは大切なことでしょう。

第二は、招聘時に待遇に関する説明はなく、赴任後に提示された謝儀額では生活できないことが明らかになり、すぐにアルバイトを始めたということでした。その経験から離任するにあたっては、次の牧師のために謝儀規定を作っていただきたいと語られたのでした。当時役員であった私はもう一人の役員と共に謝儀規定および退職金規定を策定し、牧師離任時にその退職金規定に従って退職金をお渡しすることができました。

赴任当時、提示された謝儀では生活できないことを牧師が会計担当者に伝えたところ、「それで生活できると思った」という回答だったとのことです。そこまで言われたのでは牧師として返す言葉もなく、現実を受け止めつつも実際の生活のためにアルバイトを始めたということでした。

ここには三つの課題があります。招聘時に教会からは謝儀額の提示がなかったこと、牧師からも尋ねなかったこと、そしてその謝儀額が牧師の生活を支えることができるかどうか、役員も推し量れなかったということです。当時の役員たちも実際の生活をしているわけですから生活感の相場というものは肌感覚で知っていたはずです。それでもその牧師謝儀で生活できるかどうか推し量れなかったということは、牧師とその家族への実際的な生活への祈りが貧しいか、牧師は貧しい生活をしても良いと考えていたか、どちらかだったと言われても仕方ありません。

教会の働きの中心である説教の務めを託し、教会員一人ひとりの魂の養いと成長を委ねる方をお迎えするのですから、その務めに生きる牧師とその家族の全生活を支えるのに、具体的にどれくらいの待遇が必要なのか真剣に祈り備え、そして献げたいものです。

会計報告における牧師謝儀の項目

牧師の待遇をめぐる声を教会の言葉として整えることの第一歩は、会計項目においても実際の呼称においても「牧師給与」ではなく「牧師謝儀」として理解を深めることはすでに述べた通りです。教会会計報告における牧師謝儀の項目（勘定科目）について考えてみます。教会に牧師が一人しかいない場合、教会会計の牧師謝儀項目を見ると牧師謝儀金額は一目瞭然、ガラス張りです。

そのガラス張り金額を、教会員はそれぞれの心の中で自分の生活水準と比べて金額の多寡を考えたり、牧師の子どもたちがその金額を知り、家庭の経済に心を傷めることがあります。それぞれの家庭には周囲からは見えない事情があるものです。親の介護のための費用がかかっていたり、援助しなくてはならない家族の事情があるなど、単に収入金額だけでは見えないさまざまな生活の必要もありますが、それは牧師も同じことです。牧師謝儀がガラス張りでは、牧師家族の生活の尊厳が保たれないと考えたことがあるでしょうか。教会役員はこの面において、良識をもって牧師の生活における尊厳を守らなくてはなりません。

教会会計報告においても、例えば「牧会費」とか「宣教費」などの項目の中に牧師謝儀項目を入れ、その他の牧会・宣教の費用と共に全体としての金額を示すなどの工夫をし、牧師謝儀あるいは牧師の生活があらわにならないように配慮することは、会計担当役員の務めではないかと考えています。

謝儀規定

前述のように私はもう一人の役員と二人で謝儀規定原案を作成し役員会に提案し、さらに教会総会にて承認され、教会の謝儀規定ができました。退職金規定も策定しました。そのプロセスの中で謝儀規定の基準をどのようにするか、随分考えさせられました。もう一人の役員が次のように語ったことがとても印象的に心に残ったからです。「会社で給与規定を考えるときは、その人の能力、会社への貢献度、責任の度合いなどを一つの基準として考えることになります。そのため新入社員と部長、そして取締役とでは能力や経験も違い、何よりも責任が違うので、給与算定の基準も異なることになります。しかし牧師の場合は、神学校を卒業したばかりの若い牧師であっても経験豊かな牧師であっても、神の言葉である説教を語り、洗礼を授け、信徒教育に携わることに変わりはなく、キャリアアップや責任増大という考え方はなじまないため、一般に考える昇給のような考え方は当てはまらないように思えるのです」という趣旨でした。

謝儀規定を検討していた私にとって、とても心に刻まれた言葉でした。改めて牧師への謝儀とは労働の対価としての給与ではなく、教会の務めに献身し励んでくださる牧師への感謝とその家族の歩みが守られるためのものであると受け止め、謝儀規定とは教会が教会であるために奉仕している牧師とその家族を支えるための、教会員の決意と献身でもあると思わされたものです。
もう一つ、牧師謝儀規定を考えるとき、とても心に残る本の一節があります。それは辻宣道著『教会生活の処方箋』（日本基督教団出版局、一九八一年）にある「牧師の給料の決め方」という見出しの中にある次のような一節です。本書では牧師給与ではなく牧師謝儀であることを述べてきましたが、この『教会生活の処方箋』では「牧師の給料」という表現をしていますので、そのまま引用します。

「牧師の給料とは金銭のことですが、じつは金銭に限定できぬ『教会の体質』と深く関わっています。端的にいいましょう。牧師は金がほしいのではないのです。牧師をどう処遇するか、その『まごころ』がほしいのです。あるだけのものをかき集め、これっきりだからこれでがまんせよではあまりにも不親切です。『ことしの財政はこうだったが、来年はこう頑張ろう』と教会が決意してくれたとき、牧師は意気に感じて立ち上がるのです」。

あまりにも率直で日常的な表現なので、教会の言葉を整えるという視点では少し整理が必要と感じる面もありますが、牧師の謝儀を考えるときに問われるのは「金銭に限定できぬ教会の体質」と理解している文章です。牧師の待遇に取り組むとは、「説教と礼典を司る牧師」への姿勢が問われるのであり、そこに宣教の働きと教会員の霊的ないのちがかかっているという理解を、「金銭に限定できぬ教会の体質」と表現しています。

牧師謝儀規定に話を戻します。教会員からは規定を作った後に教会の財政が厳しくなり規定を実行できないときには役員会は責任を取ることができるのかという質問もありました。その質問に対してその後の役員会で牧師が語られたことは「教会の財政が厳しいことは、牧師の立場で理解できます。そのときには牧師と役員で祈り、現実的な対応をしますし、教会が精一杯牧師を支えようとしていることも牧師は理解できますから、規定が守られないと文句を言うことはないと思います」ということでした。

『教会生活の処方箋』に記されている表現を借りるなら「まごころ」の部分、つまり教会と牧師の信頼関係と教会員の献身が問われる重要な会話となりました。「もし規定通りにお渡しできなくなったとき」の責任回避のために議論をするのではなく、教会の中心である説教と礼典を司る牧師の全生活をどのようにしたら支えることができるかという信仰的決断として話を進めていくことが大切でしょう。

牧師の退職

牧師にもやがて退任の日が来ます。他教会の牧師として転任していくこともあれば老齢による退任など、退任の理由はさまざまですが、その退任の日のために退職金の積立も大切です。厳しい教会会計の現実の中、謝儀をお渡しするにもままならない会計状況で退職金の積立はとても無理だと考えてしまいがちですが、牧師の退任の日は必ず訪れます。

多くの牧師はその若き日に神様からの召しを受け、神学教育を受けて後、牧師として赴任し牧師館に住み、教会に仕えます。一般的な日本の教会では謝儀も十分ではないことが多く、退任の日までに財産を築くこともなく、自分の住居を構えることもないままに、退任して牧師館を出ることになります。

老齢による牧師の退任後の生活に教会や教団の責任があるかどうかの議論はさまざまですが、長年教会に仕えてくださった牧師の老後のことを教会は心に留めておきたいものです。退任したのでは生活できないために教会に留まり続け、教会も新しい牧師を招聘するには謝儀を十分に出せないという理由で、現状維持を続けているという教会の現実を耳にすることもあります。問題は一つの地域教会で対応できるほど容易い課題ではありませんので、教団や教会協力の中で引退（隠退）牧師への生活を支えることを心に留めたいものです。

また牧師の定年制も検討すべき課題の一つです。一人の伝道者、説教者として生涯その召しに生きることは立派なことですが、次世代への継承そして年齢に伴って体力や判断力が衰えていく現実を踏まえ、定年制を設けることは知恵のあることです。

牧師館

私が牧師館について考えるようになったのは、ＫＧＫの主事となり牧師家庭で育った学生たちの「声」に出会ってからでした。クリスチャン一世である私にとって、牧師家族をはじめとするクリスチャンホームは憧れであり、牧師家族が住んでいる牧師館は憧れのスイートホームのように感じていました。しかし、牧師家庭で育った学生たちの声を聞くようになった私は、自らの想像力の貧しさを突きつけられたのです。牧師館で育った学生たちのいくつかの声を紹介します。

「僕と弟の部屋は、日曜日ごとに教会学校の部屋になった。日曜日の夜には、大切にしていたおもちゃが壊れていたり（教会学校の子どもたちによって壊される）、宿題のノートに落書きされたりした。だから日曜日は大嫌いだった。それを平気で見ている親たち（教会員）を信じることができなくなった」「教会併設の牧師館でトイレが教会と共有だった。トイレに行く時にも、誰がいるか気になり、トイレに行くたびに着替えなくてはならなかったことはとてもつらかった」「教会の玄関と牧師館の玄関が共通だったので、日曜日に外出しなくてはならないときには、誰も教会に来ない早朝に家を出るように心がけ、夜遅くに帰るようにした。自分の家なのに自分の家ではないように思えて悲しかった」「教会の二階が牧師館だった。ときどき教会員が父（牧師）を責める声が聞こえ、その人が日曜日に笑顔でいても信頼できなくなってしまった」等々、挙げれば切りがないほどにさまざまな声を聞いたのです。

私の集っている教会では、一年間牧師をフルサポートで英国に学びのために送り出したこと（サバティカル）がありました。牧師ご夫妻が一年間渡英することになり、牧師夫妻不在期間の教会のあり方、牧師館のあり方を検討しました。当時、教会は一階と二階が教会、三階が牧師館でした。牧師夫妻の不在の状況を考えたとき、改めて日曜日に出た教会の生ゴミの処理、教会に突然訪ねてくるさまざまな人への対応、教会の事務用品などをネット販売で購入したときの受け取りなど、牧師館に住んでいる牧師家族にとても大きな負担がかかっていたことに遅まきながら気がついたのでした。

そこでサバティカル実施期間中に牧師館を教会の外に設けたいと考えるようになった頃、教会員からの申し出があり、教会から徒歩数分の教会員所有の家を牧師館として借りることができるようになったのです。教会総会で牧師館の移転について諮ったとき、思いもかけない意見が出されました。「牧師館が三階でなくなったら夜の教会から電気が消えてしまい暗くて寂しい」「教会が不在になったら安全性に欠けてしまう」「牧師館があるのに他の場所に住むなんて贅沢なことを考えることに驚いている」「十分な牧師館を提供しているのに不満があるのか」などの意見でした。教会に電気がついていなくなると寂しいとは、牧師への期待を根本的に考え直す必要があります。独立した場所に住むのは贅沢だという発想は、どこかで牧師は教会員が養っているという教会員の意識の現れであると感じました。

日本の小さな教会では牧師館を購入することや家賃を払うことが難しい場合も多く、教会併設牧師館に牧師が住むこともあります。その現実の中にあっても、牧師と家族の生活の尊厳が守られるように教会は細心の配慮をすることが教会の責任です。特に牧師の子どもたちの生活が守られるように配慮し、教会の活動において、たとえ教会内にスペースが足りなくても、牧師家族の生活の場所を当然のように教会の活動の場にしてしまうことは控えるべきです。牧師館は教会のものだから自由に出入りしていいという考えは、牧師家族の生活や尊厳を損ないます。

同時に牧師館とその食卓は、牧師が教会員や求道者を招き、心を許して語り合い、祈り合う素晴らしい場所として用いられてきたという現実もあります。私が知っているある教会では、礼拝後、牧師館に毎週青年たちが集まり、心づくしの食卓を囲んで夜まで語り合い、その交わりのひと時が青年たちの信仰の養いの場になっていました。その交わりに入れていただいたことのある私にとって、それは美しい教会の姿として心に刻まれています。教会の青年たちの信仰が牧師館やその食卓、楽しい牧師家族との会話で育まれてきたという側面もあるでしょう。しかし、それは教会が牧師家族への配慮をなくしても良いということにはならないのです。

牧師館は教会（礼拝堂）とは別棟で教会側が用意をし、牧師家族に住んでいただくことが良いと考えています。教会にはいろいろな方が訪ねてきます。平日の訪問者でお金を無心する人、いたずらにキリスト教にクレームをつける人が突然教会併設の牧師館を訪ねてくることもあります。そのとき、牧師が不在であれば家族が対応するしかなく、突然の乱暴な訪問者に牧師家族が悲しい経験をする事案が過去にもあったことを教会員は知る必要があるでしょう。教会員は心を砕いて牧師家族の生活と安全に心配りをしたいものです。

一般の賃貸物件を牧師館として借りるときには借主を教会にするのか個人とするのか、家賃の負担についての取り決めはしてあるか、一つずつ確認をしておくことが必要です。教会が家賃の全額を支払っている場合、「給与の現物支給」とみなされることもありますが、一定の条件を満たすことで牧師の負担を減らす方策もあります。この点は、教会の実情に合わせつつ税理士などの専門家のアドバイスを受けることをお勧めします。

第二節　神の言葉の説教が整えられるために

牧師謝儀や牧師館について考えてきましたが、教会が備えたいものとして、牧師の書斎、図書費の充実、サバティカル制度、訪問者や教会員の話をじっくり聞くことのできる応接、そして緊急なときに必要な場所に訪問できる教会車や旅費交通費の準備などがあります。これらは教会として提供する大切な牧師の待遇と言えるでしょう。

書斎

教会員の魂の成長を促し、新しい決心者を漁《すなど》る説教を生み出す源流は、牧会の現場と共に牧師の書斎にあります。教会に集う群れの一人ひとりの人生の歩み、魂の状態、教会全体の状態、緊急に助けが必要な人々のことを心に留めながら説教準備をし、聖書に向かい合う牧師の孤独な闘いの場である書斎は、静かに説教の備えのできる場となっているでしょうか。書斎には聖書の学びをするにふさわしい机をはじめとするさまざまな事務機器は揃っているでしょうか。落ち着いた雰囲気の部屋でしょうか。細かいことにも心を配りたいものです。

図書費の充実

牧師が説教を整えていく学びの根底を支える書物を揃えることは教会の責務でもあるでしょう。説教は語られるだけではなく、聴かれることで成り立ち、教会の言葉として私たちが受け止めるのですから、牧師の書斎に関心をもち、費用負担を検討することも、教会員の務めと言えるでしょう。牧師が数あるキリスト教の書物の中から、書斎に並んでいる書物を選んだことを教会員が知ることも、教会員の神学的思考の足腰を強くすることになるはずです。

朝岡勝著『教会に生きる喜び――牧師と信徒のための教会論入門』（教文館、二〇一八年）の一節に「教会形成は役員会形成である」と記されています。そして前述の『教会生活の処方箋』では役員の資質として三つのことを挙げています。その第一番目に挙げているのが「教理に強い役員」です。第二番は「祈りの人としての役員」、第三は「調和がとれ教会形成的視点を備えている役員」です。第一番目に挙げられた教理を学ぶためにも役員が牧師の書棚に触れ、そこに牧師の神学的思考、思索の源泉、そして生き方や人生観が溢れている本棚であることを知るとき、教会的視点を形成していく交わりが生まれていくでしょう。

研修・サバティカル

書斎、書物だけではなく実際に牧師に研修の機会をもっていただくことも、教会の広がりのためには必要なことです。教会の群れに心を配り、集う一人ひとりを大切にすることを前提としつつも、同時にキリストの体なる教会の働きとこの世における責務は世界大であり、現実の世界で起こっている出来事への対応、助けを必要としている人々、日本そして世界の教会の働きのために、ときには社会や国家が神様から委ねられた範囲を越えて歩み始めたときには「否」と言うための視野の深まりのため、さらに文書・放送・学生などさまざまな専門的な宣教の働きについて教会の目が開かれるために、牧師がその教会の広がりを体験し、神学的研鑽を積むための学びの機会を取ることができるように、研修費を予算化することも検討したいものです。

またサバティカルのように一定の期間、牧師が現場での務めを退き、研鑽と休息の時をもって充電し、再び牧会の働きに携わっていただくことも長期的視点で見れば教会の歩みの豊かさ、深さにつながっていきます。

応接

また牧師の務めは、学ぶこと語ることだけではなく、いろいろな方の話を聞くことも含まれます。その会話には守秘義務があり、密室での話が長く続くこともあるでしょう。牧会の豊かな働きのため、牧師との対話のための部屋、そして求道者が心を開きやすい小綺麗で整っている部屋を用意することも大切です。以前、ある外国の教会に行ったとき、牧師との面談室は周囲から話す声が聞こえないように設計され、曇りガラスで人影がうっすら見えるようになっており、密室にはならないように配慮されていました。配慮と安らかさを備えた応接は、心にあるものを言葉にする交わりが生まれるための空間ともなるのです。

活動費

牧師の務めの一つに教会員の危急の対応があります。教会員の危急な人生の出来事（危篤の知らせや訃報など）に対し、牧師がいつでも駆けつけることができるように、教会車の用意や緊急な出費のための活動費などを、あらかじめ仮払いするなどの用意も教会として配慮したいものの一つです。

まとめ

以上、牧師の待遇とその周辺について、いくつか代表的な教会の配慮を述べてきました。これらは牧師の権利あるいは教会の義務と捉えてしまうと、教会の働きがぎこちないものになり、信頼関係が崩れていってしまいます。教会の営みは、牧師と教会との召しの確認に基づく信頼関係を前提とし、牧師の働きが教会の群れの歩みに寄り添って歩んでいけることへの感謝の溢れるものでありたいと願います。

牧師とその家族に関しては、人としての尊厳に関わる人格的なテーマでもあります。経済的に厳しい生活を牧師とその家族に強いながら、説教や牧会にはあまり関心がないということであってはなりません。むしろ、〝経済的には心配をかけない謝儀をお渡ししつつ、牧師の務めに対してはしっかりと向かい合う教会でありたいものです。

その上で、牧師と教会員との緊張関係が生まれることがあったとしても、それを乗り越える希望をもち続ける役員会でありたいものです。一般には「権利と義務」を果たすことが集団の構成員の責任ですが、教会の場合には権利と義務の関係というよりも、「感謝と奉仕」すなわち、救われた者としての感謝と福音に生きる者の生き方を示す教会の歩みの中で教会員としての責務を果たしていきたいものです。

注

(1) この「こども信仰問答」は、その後『はじめての信仰問答』(鞭木由行著、いのちのことば社、二〇一〇年)として出版されている。

社会保険労務士によるQ&A

社会保険労務士 アスリート事務所　富所正史

1　牧師が加入すべき社会保険制度について教えてください。

宗教法人格をもつ教会かもたない教会かで、牧師が加入する社会保険制度が異なります。

(1)宗教法人格をもつ教会

宗教法人格をもつ教会は、原則、社会保険に加入しなければなりません。しかし、牧師一人の教会までが一律に強制加入かというと必ずしもそうではありません。

社会保険制度においては、法人格をもつ事業所を社会保険に加入しなければならない「適用事業所」と定めています。日本年金機構では、「法人の事業所で常時従業員を使用している場合は、健康保険・厚生年金保険の適用事業所であり、事業主は、社会保険に加入する義務がある」としています。宗教法人としての教会が牧師に給与（謝儀）を支払っている以上、一事業所と見なされ、社会保険の加入義務があるというわけです。

それでは、宗教法人格をもつ教会は、一律に強制加入なのでしょうか。日本キリスト教連合会は「日本年金機構は社会保険の加入を促す指導を確かに行ってはいるが、キリスト教会のように牧師一人の法人事業所を強制的に一律に加入させるということはないようである」とコメントしています。ですから、制度上は宗教法人格をもつ教会は強制加入であるが、教会に牧師一人のような場合には、必ずしも強制的に加入が義務付けられるわけではないと言えます。

そこで、社会保険加入をどのように考えるかですが、社会保険に強制的に加入させられるという理解ではなく、加入して得られるメリットに目を向け、この制度をうまく活用することが重要です。社会保険加入により、月々の保険料の負担は確かに増えますが、国民年金、国民健康保険のように個人で加入する制度と比較すると、将来、充実した年金を受給でき、健康保険においては、傷病手当金、出産手当金など、国民健康保険にはない多くのメリットを受けることができます。

このように、社会保険の優れた点に目を向けるとともに、国の保険制度は、災難に備えて、みんなでお金を出し合い、助け合うという目的からも社会保険制度を国民全員で支えるという積極的な気持ちで加入する必要があります。私自身、社会保険労務士として働く中で、社会保険加入のメリットの大きさを日々痛感しています。

(2)宗教法人格をもたない教会

牧師個人で「国民健康保険」「国民年金」に加入します。居住している市区町村の国民健康保険・国民年金の窓口で手続きを行います。

(3)宗教法人格をもたない教会の任意加入

特別に任意加入をする方法があります。これは、次の3の「法人格のない教会でも、牧師が厚生年金に加入することは可能ですか」のところで説明します。

2　牧師の厚生年金への加入のメリットについて教えてください。

厚生年金は、国民年金に比較して保障が手厚いです。国民年金に二〇歳から六〇歳まで四〇年加入した場合、受け取れる年金は、満額の月約六万五〇〇〇円です。一方、厚生年金の場合、四〇年加入したら、在職中の給与額にもよりますが、国民年金に比較し二・五～三倍の年金が受け取れます。その他、遺族年金、障害年金においても受給できる条件や受給額に大きな差があり、厚生年金加入のメリットはとても大きいものがあります。

3　法人格のない教会でも、牧師が厚生年金に加入することは可能ですか。

可能です。法人格をもたない教会の場合は、任意加入となります。ただし条件があります。代表役員が牧師以外でしたら、牧師は任意加入できますが、牧師が教会の代表役員になっている場合、牧師及びその家族は厚生年金に加入できません。

4　社会保険加入の方法を教えてください。

社会保険に新規に加入する場合、必要書類を用意して、その地域ごとに定められた年金事務所で手続きを行います。宗教法人格をもつ教会ともたない教会では、提出する書類が異なります。宗教法人格をもたない教会の任意加入は必要書類が多いので、加入を検討している教会は、年金事務所か社会保険労務士にお尋ねください。

5　国民年金・国民健康保険加入の場合、教会が気をつけることはありますか。

「国民年金」「国民健康保険」は、牧師が個人で加入するもので、教会は直接、関係はしません。しかし、国民年金だけでは、牧師が受け取れる年金額が大変少ないです。少しでも将来の年金を増やすために、「国民年金基金」に加入することをお勧めします。毎月の掛金は教会が支出するなどして、牧師の負担を軽減し、牧師の引退後の生活に今から備えておきたいものです。

6　牧師は雇用保険に入ることができますか。

牧師が雇用保険に加入することは、原則、ありません。雇用保険は主に従業員が失業したときの保険で「失業保険」とも言われています。雇用保険は、週二〇時間以上働く労働者が加入対象であり、個人事業主や会社の社長、役員は対象外です。牧師は、労働を提供し、その対価として賃金を受ける従業員ではないという概念からも加入の対象外と考えてください。

7　牧師の退職後の医療保険と年金について教えてください。

牧師が退職後、医療保険に加入する方法は三つあります。「任意継続」「国民健康保険に加入」「家族が加入する健康保険の被扶養者になる」のどれかです。

(1)「任意継続」とは、退職しても現在の健康保険を継続できる制度です。ただし、加入できる期間は、退職後二年間。保険料は全額自己負担ですが、任意継続保険料は限度額があるため、本来支払うべき健康保険料よりも安くなる場合があります。この任意継続を選択する人は大変多いです。

(2)「国民健康保険に加入」する場合は、市区町村の国民健康保険課で手続きします。具体的な保険料の額は窓口で教えてくれますので、「任意継続」と選択できるときは、どちらが有利かを検討した上で加入してください。

(3)「家族が加入する健康保険の被扶養者になる」場合は、保険料の支払いは発生せず最も好条件です。この場合、被扶養者になれる条件は、五九歳以下なら年収一三〇万円未満、六〇歳以上は一八〇万円未満です。

次に牧師の退職後の年金ですが、人によってさまざまです。六五歳前から特別に受け取れる「特別支給の老齢厚生年金」を受給できる人、完全に退職し年金を満額受給できる人、働きながら給与と年金の両方を受け取れる人などがいます。働きながら年金を受ける人は、給与の額によって年金が一部減額されたり、中には全額停止される場合もあります。

8　会社の給与では所得税や市民税が差し引かれていますが、謝儀の場合はどうするべきですか。

一般の会社と同じく所得税、住民税の対象となります。所得税は、牧師から提出された「給与所得者の扶養控除等（異動）申告書」に基づき、毎月の給与で所得税の計算を行い控除します。控除した源泉所得税は、通常、毎月納付します。ただし、「源泉所得税の納期の特例」の申請を行えば、納期を年二回に分けることができ、教会としても事務処理を大幅に軽減することができます。

一方、住民税は一年遅れで課税されます。一月から一二月に得た所得に対し、翌年六月に居住している市区町村から住民税の通知が届きますのでそれに基づき納付します。

9　教会が外部講師を招いたときの謝礼の源泉所得税の計算は必要ですか。

必要です。宗教法人格をもつ教会、もたない教会、どちらも源泉所得税の徴収を行わなければなりません。

支払い金額が一〇〇万円以下の場合は「報酬額の一〇・二一％」が源泉徴収する税額です。源泉徴収の税率は以前まで一〇％でしたが、二〇一三（平成二五）年以降は復興特別所得税が加算されて一〇・二一％となりました。

たとえば、講師の謝礼が一万円の場合、源泉徴収税は一〇・二一％の一〇二一円。この金額を差し引いた八九七九円が講師に渡ります。次のように計算します。

一万円×一〇・二一％＝一〇二一円（源泉徴収税）
一万円－《マイナス》一〇二一円＝八九七九円（実際に振り込む、もしくは手渡す金額）

10　退職金を積み立てる外部の機関があると聞きましたが詳しく教えてください。

中小企業のための国の退職金制度である中小企業退職金共済（中退共）がよく知られています。中退共に加入し、事業主が毎月掛金を納め、将来の従業員の退職金に備えます。

多くの宣教団体が加入しています。中退共加入のメリットは、掛金の一部を国が助成すること、掛金が全額非課税になることです。掛金は法人の場合は損金として、個人事業主の場合は必要経費として処理することができます。

掛金は、毎月五〇〇〇円から三万円まで一六種類から選択できます。教会の牧師は中退共に加入できるかどうかですが、加入できるのは従業員であり、事業主は加入できません。よって、牧師が代表役員になっている場合は、加入できないということになります。教会で事務スタッフを雇っている場合などは加入できます。

11　牧師館として賃貸住宅を借りるときには、どのようなことに注意したらよいですか。

給与は、金銭で支給されるのが一般的ですが、住宅、寮などの貸与、食事、通勤定期券などで支給するものを「現物給与」と言います。住宅の貸与において無償または安く提供した場合には、経済的利益があったものとして現物給与として扱われます。この場合、所得税と社会保険料に影響しますので取り扱いには注意が必要です。

(1)所得税……牧師が家賃をどの程度負担しているかにより課税されるかどうか決まります。

「賃貸料相当額の五〇％以上の賃貸料を牧師から徴収」している場合は、経済的利益がないものとして課税されません。

「徴収額が賃貸料相当額の五〇％未満」である場合には、課税の対象となります。

「賃貸料相当額－《マイナス》徴収された家賃」の差額が給与とみなされ課税されます。

例：賃貸料が一〇万円の牧師館に入居の場合

①牧師が六万円の家賃を負担する場合には、六万円は賃貸料の五〇％以上ですので、課税されません。

②牧師が三万円の家賃を負担する場合には、三万円は賃貸料の五〇％未満ですので、一〇万円から三万円を引いた七万円が課税の対象。

③無償で入居の場合には、一〇万円全部が課税の対象。

(2)社会保険料……都道府県ごとに定める価格で計算し報酬月額に加えます。

玄関、台所、トイレ、浴室、廊下などは除き、居住している部屋のみ対象。たとえば、東京都にある教会の牧師館の場合、居住している部屋の合計面積が二〇畳、牧師が負担する家賃が三万円とすると、二五九〇円×二〇畳＝五万一八〇〇円。

五万一八〇〇円－《マイナス》三万円＝二万一八〇〇円。

二万一八〇〇円が現物給与とされ、社会保険料の報酬月額に算入されるというわけです。

12 牧師は将来に向けてどのような備えをしたらよいでしょうか。

牧師が国民年金に加入している場合の年金を増やす方法を三つ紹介します。
(1)付加年金に加入する。
毎月の国民年金保険料に四〇〇円の付加保険料を追加して支払う方法です。将来受け取れる年金は、二〇〇円に納めた月数をかけた金額分、増える仕組みです。

たとえば、毎月四〇〇円の付加保険料を一〇年納めた場合、保険料は、四〇〇円×一二か月×一〇年＝四万八〇〇〇円です。

これによって一年間の増える年金は、二〇〇円×一二か月×一〇年＝二万四〇〇〇円になります。つまり、二年で元が取れるというわけです。

増えた二万四〇〇〇円は生きている限り受け取ることができます。
(2)国民年金基金に加入する。

「国民年金基金」とは、国民年金保険料を納付していれば加入できる年金の上乗せ制度です。国民年金基金の掛金は全額、社会保険料控除として所得控除できます。

ここで注意することは、前出の付加年金と国民年金基金は併用できないことになっていることです。

なぜなら、国民年金基金に付加年金が含まれているので、併用すると付加年金に二重に加入することになってしまうからです。付加年金と国民年金基金は、どちらかの選択になるというわけです。

(3)国民年金に六〇歳以降も任意加入する。

国民年金の任意加入とは、六〇歳から六五歳の五年間、不足分の国民年金保険料を納めることで、その後受け取れる年金額を増やすことができる制度です。国民年金の加入期間（保険料を払い続ける期間）は二〇歳から六〇歳までの「四〇年間」と決まっていますが、学生時代に保険料を払っていないなど、何らかの理由で加入期間が四〇年に満たない場合があります。そのような場合に任意加入します。この制度は満額もらえない人が満額に近づけるために加入するもので、四〇年を超えて加入することはできません。

第三章　教会と宗教法人法（理念編）

第一節　地に立つ教会として問われるもの

この章では、教会と宗教法人の関係について考えます。キリスト教会にとって宗教法人とは何かをキリスト教的世界観をもって思考することは、教会や宣教団体がこの地にキリストの体なる教会として立つ意味を見出すことでもあります。教会と宗教法人の関係を巡って、心に残る三つの言葉を紹介します。

第一は、宗教法人格取得を考えていたある教会役員の方の「法人格取得を考えているのですが、最近は監督官庁が厳しいので、宗教法人の認可は難しいと聞いています」という言葉です。同じ教団の他教会が法人格を取得するのに何年もかかり、行政窓口が求める書類を整えることが難しかったという経験談を聞いたからのようでした。第二は、法人認証後、実務を担当した役員の方の「ようやく私たちの教会は宗教法人になることができました。これからは法令遵守の精神に立ち、この世に対して証しを立てるためにも、今まで以上に会計処理や議事録作成等の法人事務にしっかり取り組んでいきたいと思います」という言葉です。それまでの教会事務は雑なところがあり、法人認証のための書類を整えることが難しかった経験から「法人格取得後は任意団体ではなく社会でも認知された公益法人として、その職責をしっかり果たしたい」と、さらに説明がありました。そして第三は、ある宣教団体における「宗教法人の代表役員である理事長は信仰的指導者としての役割を果たしています」という言葉でした。これらの三つの言葉を、ある神学校の牧会学の講義で紹介しましたが、その課題点について理解できた神学生は一人もいませんでした。神学校でも、宗教法人法についての神学的考察を深めていくことも大切でしょう。

この三つの言葉を手掛かりにしながら、教会がこの地に立つとはどういうことか、法令との関わり、教会のこの世に対する理解およびこの世の宗教に対する理解、そして教会に潜み入るこの世性について、歴史的考察を織り交ぜながら検討していきます。

第二節　前身法令の宗教団体法

残念ながら宗教法人法理解および宗教法人運営に対して不十分な教会・教団・宣教団体が多く、その結果として地に立つ教会としての足腰が弱くなってしまっているように感じています。宗教法人法理解のために、その法令の前身である宗教団体法の下にあった当時の教会の様子を知ることから始めましょう。

一九三九年四月八日公布の宗教団体法の下に歩んだ教会の歴史および日本の宗教政策を理解する

必要があります。当時の日本の宗教政策は、さまざまな宗教をも国家秩序のために用いるというものでした。そのため宗教団体法では、「教義の大要、礼拝の内容、教団統理者その他の機関の任免、教師の資格、など」において国の認可が必要でした。宗教団体の内部に深く介入し、信仰の内容まで国の監督、支配下に置くことを明示したのでした。同時にキリスト教会の側も国の庇護のもとにある安泰を求めるという有様でした。

一九四一年六月二四日から二五日にもたれた日本基督教団設立総会では「われら基督教信者であると同時に日本臣民であり、皇国に忠誠を尽くすを以って第一とす」と宣言しています。宗教団体法およびその時代の求めに応じたかたちで日本基督教団の設立が「認可」されていったのです。

実は、この法案に先だって、一九三八年七月、宗教団体法の原案ができたとき、福音新報の記者が「この法案に大変心配している。後日反動政治家が現れて、これを武器に宗教弾圧をなし、御用宗教を造り、国家の良心たる基督教を骨抜きにせぬとも限らぬではないか」と質問したのに対し、当時の日本基督教会の指導者、後の日本基督教団統理の富田満牧師は、次のように語り、宗教団体法を歓迎した記録が残っています。

「我らは基督教が社会から宗教と認められる方が宣教上得策か、不得策か、延いては聖書の命令に応ずるか、応じないかを省みなくてはならない。宗教としての認容を社会に要求することがその主張であるとすれば、些少の問題に拘泥して国家の認容を拒む態度に出てはならぬ」と、社会に認められるためには、些少の問題にこだわらないほうがいいと主張したのです。

地に立つ教会論を形成せず、ひたすらに福音宣教のみを求め、「教会と国家」という神学的思考を深めなかったことが、この世の法令に対しての教会のあり方を考えることに鈍感になり、やがて宣教のためであるなら礼拝の中で君が代を唱和することも、神社参拝をすることも「些少の問題」と、当時の教会は理解するようになっていました。

明治憲法二八条に「信教の自由」が加わったことを知ったキリスト者が大変喜び、憲法発布の当夜祝賀会を東京で開きました。そこで交わされた言葉が記録として残っています。「キリスト教を広める一段階になった」（横井時雄）、「一滴の血も流されずに信教の自由が保障された」（井深梶之助）、「これでキリスト教は日本の一宗教になったから、今後は唯一の宗教にしたい」（平岩愃保）。外国人居留区以外には信教の自由を認めなかった明治政府の迫害により、信仰を公にした元キリシタンたちの多くの血が流れたことがきっかけとなり信教の自由の門戸が開いたという歴史、そして明治憲法および宗教団体法の下に教会が国家の傘下に下ってしまった悲しい歴史をも顧みない体質を、現在の多くの教会も継承してしまっています。

この歴史的出来事の本質にたどり着き、教会および宣教団体は信仰の良心に基づく教会・宣教団体運営およびその資産管理部門である宗教法人運営をすることを通して、この地に堅く立つ教会形成をしていくことが、真に教会を建て上げることの一つの大切な要素となるでしょう。

その理解が深まるとき、日本における「教会と国家」という神学的思考も成熟し、この地・この世に教会を建て上げることにつながるのです。

第三節　宗教法人法の理解

「教会と宗教法人法」と聞くと、法人格取得の手続きの説明と思われやすいのですが、事務手続きについては佐藤丈史著『教会事務navi――キリスト教会の「証し」としての法人事務』（いのちのことば社、二〇一二年）のような手続きの書がいくつか出版されていますので、そちらに譲ることとします。本書では「教会と宗教法人法」という思考を整理し、教会がこの世に立つために、宗教法人法をどのように理解すべきかについて考えます。

第二次世界大戦後、宗教団体法が廃止され、宗教法人令を経て宗教法人法が成立しました。この法律は「宗教団体に法律上の能力を与える」こと、「礼拝の施設その他の財産を所有し、これを維持運用し、宗教団体の目的達成のための業務および事業を運営することに資する」ことを目的としたものです。「宗教活動の遂行」を目的としていないことを心に留めることから、宗教法人法の理解が始まります。明確にしておきたいことは、宗教法人とは教会の財産管理部門が法人格をもつということなのです。

法令関係の文書においても「本法は宗教そのものの領域に関することを排している」「（宗教法人法は）宗教団体の世俗的事項にかかるものであるから、宗教上の行為、事項その他の信仰上の領域等に干渉しないように留意すること」「宗教法人規則の作成にあたっては、法定事項以外の事項を掲載しないよう特に注意すること」とし、「宗教面に関する事項は記載しないこと」が喚起されています。

宗教法人法の趣旨を簡単に説明すると、「宗教には、《宗教的事柄》と《世俗的事柄》があり、その《世俗的事柄》である不動産などの財産を所有し、維持運用していくために、その宗教団体の目的の範囲において、法的な権利義務を付与します」という法律なのです。

『宗教法人運営のガイドブック』（文化庁）の文章から宗教法人法について読み解いてみます。宗教法人法の基本理念として　第一に挙げられているのは「信教の自由と政教分離の原則」です。その解説として「憲法で保障された信教の自由と政教分離の原則が尊重され、行政等は宗教上の事柄については調停や干渉を行ってはならないとされています」とあり、宗教法人法第八五条「この法律のいかなる規定も、文部科学大臣、都道府県知事及び裁判所に対し、宗教団体における信仰、規律、慣習等宗教上の事項についていかなる形においても調停し、若しくは干渉する権限を与え、又は宗教上の役職員の任免その他の進退を勧告し、誘導し、若しくはこれに干渉する権限を与えるものと解釈してはならない」が引用されています。

第二に「聖・俗分離の原則」として「宗教法人は宗教的事柄と世俗的事柄の二つの機能を併せ持っていますが、宗教法人法は宗教団体の世俗的事項に関してのみ規定しています」と、二元論的宗教観をもっています。つまり、宗教法人法に基づく宗教理解では、次頁の図1のように宗教団体には《宗教的事柄》と《世俗的事柄》があり、憲法における信教の自由の立場から宗教法人法は《宗

宗教法人法の理念

図1

キリスト教世界観に基づく理解

図2

誤解に基づく現実の運営

図3

教的事柄》には立ち入らず、財産管理という世俗的事柄のみを扱う法律と説明しています。そのため宗教法人格を取得できるのは不動産をもっている宗教団体に限られるのです。

　この法令の主旨が持っている二元論的宗教観そのものがキリスト教的世界観とは相容れないものです。明治憲法施行時、信教の自由について言及した伊藤博文は「人間の本心の自由は国政の干渉の外に立っているので、国法では如何ともしがたい。しかし、それが外に向かい、礼拝、布教、集会、結社に及ぶ時、それらは制限される」と、信教の自由について説明しています。この法令の趣旨のように宗教的事柄と世俗的事柄を分けて考えること、そして心の内側で信じる内容と外側に現れる行為については分離して考えることをもって、宗教を統制しようとする政策が検討されてきました。

　二〇〇二年にいわゆる有事関連三法案と呼ばれた法令の解説で、当時の野中広務官房長官は「信教の自由は内面において絶対的な保証である」と語りました。これも政府の考える宗教観をよく表した言葉と言えるでしょう。心の中で信じているうちは「私事」であり、それが外に表れるときには「公」となり、「公」になる部分に関しては制限が加えられることもありうるというのです。一般的な日本人の感覚でも家族の中でたった一人のキリスト者の場合、家族の葬儀などでは

「あなたが何を信じるかは自由だけど、人としてお線香の一本でも手向けてあげたらどう？」とたしなめられるのが日本人の常識的な宗教観です。その常識的な宗教観と政府の宗教政策にも合致した形で、宗教には「宗教的事柄」と「世俗的事柄」があるという前提で宗教法人法が作られています。

しかし私たちキリスト教的世界観に基づいて思考すると、図1のような二元論として理解するのではなく、図2のように財産管理も福音理解に基づいて管理することがキリスト者の責任だと考えることができます。聖書を読み、祈り、礼拝に出席し、宣教に励むことだけが教会の宗教的事柄ではなく、家庭形成、この世で働くこと、そしてこの国の行く末を見つめ、この国のあり方が神のみ旨から逸脱するときには否を唱えること、そして教会の財産管理もまた信仰の出来事として受け止めるのが私たちの福音理解です。また、根源的に宗教法人法の宗教理解と私たちの福音理解に基づく理解とは相容れないものであり、この宗教法人法の趣旨を丁寧に考えるなら、そこには思想的な矛盾やせめぎ合いが生じるはずなのです。

この世の考え方と相容れないために、世俗的歩みを否定して宗教的生き方を追求することや、この世から離れて生きようとすることは、私たちの福音理解に基づく生き方ではありません。キリストの来臨によってすでに神の国が始まりつつも、未だに完成されていない神の国の民としてこの地に足をつけて歩み、福音を宣言することが私たちキリスト者の使命です。私たちは神様から呼び出された者として、この世に属する者ではありませんが、この世に遣わされた者として、せめぎ合いが生じる現実を静かに、ぶれずに信仰を貫きながら、この地に足をつけていくことが求められているのです。

準則主義

前述の『宗教法人運営のガイドブック』には、宗教法人法の特徴として三つのことを記しています。それは準則主義、責任役員制度、そして公告制度です。その中で最初に取り上げられている準則主義について考えてみます。宗教団体法の反省から、宗教法人は認可制ではなく準則主義つまり一定の要件を満たせば必ず法人格を取得できる制度としています。許認可ではありませんので、当然監督官庁もありません。文化庁あるいは都道府県という宗教法人認証を扱う行政窓口があるにすぎないのです。

行政窓口では一定の申請要件を満たしているかを確認することだけが職務ですが、現実の行政窓口では、まるで許認可権があるかのような対応をされることもあります。そのときには、静かに準則主義であることを告げながら法人格取得手続きを進めることが良いでしょう。

基本的には書類審査のはずですが、現地調査と言って礼拝堂などの確認に来ることがあります。以前、ＫＧＫの宗教法人認証申請の手続きをしたとき、行政担当者の現地確認訪問を受けたことがありました。ＫＧＫは各大学内で活動することが基本であり、建物としては小さな集会室と事務所しかありません。ＫＧＫそれを見に来た行政担当者がその区分所有建物の小さな集会室を見て「キリスト教会なのになぜステンドグラスがないのですか」と、一般的なイメージに基づいた礼拝堂についての質問をしてきました。

準則主義で書類審査が原則ですから、要件をすべて揃えて書類を提出し、かつ疑義がないのであれば本来でしたら現地調査は不要です。また宗教法人法の趣旨から見ても《世俗的事柄》だけを扱う法令なのですから、集会室にステンドグラスがあるかないか、教会らしいかどうかについて踏み込んで質問してはならないはずです。このようなときには丁寧に宗教法人法の趣旨を説明し、ステンドグラスについて質問をしたり、集会室や礼拝堂に一定の造作を加えることを要求することは宗教法人法に反することを伝えることは大切なことです。

教会側に許認可という発想や、行政窓口と争うことは証しにならないという発想があり、ステンドグラスをつけたほうがすんなり認証を受けられそうだという心持ちになりそうですが、それでは教会としての主権が揺らいでしまいます。

以上のように宗教法人法の守備範囲および準則主義の原則に照らして考えるとき、「最近は監督官庁が厳しいので、宗教法人の認可は難しい」という言葉の過ちをお分かりいただけたでしょうか。法人認証に三年程度の時間がかかると言われているのは、継続的な宗教団体としての目安として三年程度の活動実績があることを一つの判断材料にしているということだけですから、すでに歴史のある教会であれば申請から認証までに三年かかるという理解、あるいは最近は難しくなっているという理解は必ずしも正しいわけではないのです。

財産管理部門

宗教法人法第一条「宗教団体が、礼拝の施設その他の財産を所有し、これを維持運用し、その他その目的のための業務及び事業を運営することに資するため、宗教団体に法律上の能力を与えることを目的とする」、つまり宗教団体の働きの世俗的事柄である財産管理のための法律であり、その法律に基づいて形成される宗教法人とは、宗教団体の「財産管理部門」ということです。

しかし、紛らわしいのは宗教法人法第四条第一項「宗教団体は、この法律により、法人となることができる」、第二項「この法律において『宗教法人』とは、この法律により法人となった宗教団体をいう」と記されていることです。この法律の条文をどのように読むかが大きな分かれ目です。この言葉を元に法令遵守の立場から、「○○教会は宗教法人になりました」という表現は正しいと考える方もいるでしょう。

しかし、この法律の条文を、神学的に深め、自分たちの信仰理解に基づいて解釈し、主体的に判断していくことが求められています。法令の趣旨からも、キリスト教的世界観からもキリストの体としての教会が宗教法人になることはありません。

「○○教会は宗教法人になる」を、法令の趣旨およびキリスト教的世界観から表現するなら、「○○教会は、財産管理部門に法人格を得ました」ということになるでしょう。

最初にご紹介した心に残る第二番目の言葉「ようやく私たちの教会は宗教法人になることができ

ました」の持つ綻びをご理解いただけるでしょうか。

法人代表役員

宗教法人法の理解が深まると、宗教法人の代表役員および責任役員は教会の財産管理部門の事務責任者にすぎないことが分かってきます。宗教法人法の趣旨によれば、法人代表役員や責任役員の事務責任は「宗教的事柄」には及びません。法人規則で教会の牧師が代表役員になると定めている場合もあります。そのこと自体は否定されることではありませんが、その責任範囲については正しく理解しておく必要があります。教憲教規に基づいた教会的手続きにおいて選出された（あるいは任命された）牧師が、同教会の財産管理部門の責任も担うとし、結果として牧師が代表役員に就任するという理解をしっかりと持つことが必要です。

しかし、財産管理部門にすぎない宗教法人責任役員会が教会全体の役員会と同義語となり、宗教的事柄を扱っていることが多く、構造的には図3のような教会の事務管理運営となってしまっています。気がつかないうちに、財産管理部門にキリストの体なる教会が呑み込まれる形になり、キリストの体なる教会の中にこの世性が潜み入る結果となってしまうのです。

ここで三番目の「宗教法人の代表役員である理事長は信仰的指導者としての役割を果たしている」という言葉が、宗教法人法の趣旨を超えてしまっていることをご理解いただけたでしょうか。

第四節　教会としての社会的責任の第一歩

法令関係や社会的責任についての話題になるとき、教会は社会のことが分かっていない、この世に起こっているさまざまな事象について疎い、と指摘されることがあります。もっと教会は外の世界、社会で起こっている事象を知るべきで、牧師にも社会経験が必要だと言われたりもします。その反面、教会に社会常識や政治をもち込んではならないとも主張されます。この法令と教会との関わりについて十分な思索を経ずに、宗教法人下に教会形成をしている現実がありながら、教会や牧師は「社会を知るべき」となるのでは、教会の足元が揺らいでしまいます。宗教法人法を信仰者の立場から正しく理解していくことが、教会としての大切な社会的責任への第一歩なのです。

教会を貶める罠は「羊のなりをして近づいて」くるものです。かつてキリシタン時代の迫害の後の時代には、明治憲法のような限定的な信教の自由であっても、「国家によって与えられた」ことを喜びました。現代の宗教法人法は「非課税」が羊のなりをして静かに教会に入り込み、宗教法人法の理解不足によって教会としての歩みが崩れていることが、残念ながらあまりにも多いのです。

第五節　教会役員会と宗教法人責任役員会

教会役員会で話されることは、牧会報告を軸として教会員の方々の歩み、教会学校の子どもたちのこと、病気の方のお見舞いの様子、就職、結婚、出産、また人生の最期のみとり、そしてご遺族の慰めなど人生の悲喜こもごもの出来事に対する配慮、また教会の伝道と教育のための備え、新しい受洗の決心者の試問など、生き生きとしたキリストの体なる教会の出来事があり、また教会財政や会堂補修や会堂建設の話題もあり、教会総会が近づけばその総会の備えをします。

今まで記してきた宗教法人法の趣旨に基づく「宗教的事柄」と「世俗的事柄」という言葉を用いて、宗教法人○○教会総会を例に考えてみます。

教会政治形態が会衆制の教会では教会総会が教会の正式な意思決定機関となります。しかし、宗教法人法では基本的に責任役員によって最終意思決定がなされると位置づけられています。そのことを知り入念に法人規則を作成した教会では、法人規則にて総会を議決機関として位置づけていることも多いようです。しかし宗教法人規則では総会が最高議決機関にはなりえません。宗教法人法ではどこまでも責任役員が法人事務を決定することを譲っていないのです。注意深く読むと、認証された法人規則には責任役員会は法人の事務を決定する、総会を含むその他の会議体は議決すると記されています。つまり、総会その他の会議体は宗教法人上の最高意思決定機関になっていないのです。教会の意思決定はそれぞれの教会形成に関する信仰の姿勢によって決定されるものですが、宗教法人はその教会政治の形態の如何にかかわらず、責任役員が意思決定機関として位置づけられています。

宗教法人規則に基づく総会とキリストの体なる教会の総会の関係に注目してみます。「宗教法人○○教会総会」の開催をもって、キリストの体なる教会の総会を開催していることが多いのが現実ではないでしょうか。総会の案内を「公告」として週報などに表示している教会も多く見受けられます。しかし、宗教法人法に基づく「公告」とは法人法第二三条によると財産処分または担保に入れること、借入金をするとき、建物の著しい増改築をするときなどに限られています。教会の教憲教規に教会総会の案内を「公告」という呼称を用いていない限り、公告をする必要はありません（むしろ、紛らわしいので、他の表現にしたほうが良いでしょう）。

「教会予算総会」で扱う議案を、宗教法人法の趣旨の視点から見てみましょう。例えば、第一号議案「○○年度の目標のみ言葉」、第二号議案「教会の活動計画」、第三号議案「教会役員選出」、第四号議案「○○年度予算」とします。宗教法人○○教会の総会として宗教法人法に基づいて議案が整えられるべきとすると、第一号議案「○○年度の目標のみ言葉」は宗教的事柄に属するものですので、宗教法人総会で議決する内容ではないばかりか、してはならない議案と言えます。第二号議案「教会の活動計画」はその内容によって判断の分かれるところです。その活動計画に今年の夏の修養会のテーマなどは宗教的事柄に属しますし、その予算に関連することは財産管理部門との関係が生じるでしょう。さらに活動計画の中に会堂建築や増築に関することが出てくると財産管理部門に深く関わることになります。開拓宣教の決議そのものは宗教的事柄ですが、開拓宣教のために会堂を購入することになれば財産管理の議案になるでしょう。キリストの体なる教会の活動計画の中に宗教法人つまり財産管理部門の事業計画が含まれるのです。第三号議案については、教会の役員を教会の正当な手続きによって選任しますが、その同じ方々が法人の責任役員を兼ねているという議決になりうることを理解しておく必要があります。教会の教憲教規によって選出された役員を、宗教法人責任役員に任命することで十分なはずです。宗教法人○○教会の総会で役員に選ばれたことを根拠にキリストの体なる教会の役員になっているとすれば、図3の構造になってしまいます。第四号議案は教会の出来事つまり宗教的事柄であると同時に、現預金も含む財産管理として宗教法人案件になるでしょう。判断の分かれるところもありますが、各々の教会で責任をもって深く思考し、決定していくことが大切です。

この宗教的事柄と世俗的事柄の分類については、個別教会の内容、教憲教規によって判断が異なりますので、実際にはもっと丁寧な検証が必要となります。ここで考えたいことは、「宗教法人○○教会総会」の下にすべての議案を「キリストの体なる教会として議決」してしまうことは、図3のように宗教法人の下にキリストの体なる教会が決議をしていることになるということです。これは国家による宗教の介入ではなく、教会から国家・世俗への「侵入」だと言えるでしょう。

役員会における審議・決定事項の多くの案件は、信仰の内容に深く関わるものであり、財産管理部門としての宗教法人の議案外のはずです。役員会での決定事項のうち教憲教規に基づいた手続きを経てなされた財産管理に関する議決内容のみ、その決定を引き受ける形で、宗教法人の責任役員会が受諾し決定するというシステムを構築することが大切です。そのためキリストの体なる教会

（宣教団体）の意思決定機関と、宗教法人責任役員の事務決定機関を橋渡しする手順を教憲教規にて定めておく必要があります。

教会の意思決定は、教会政治によって意思決定をします。その教会の意思決定に従って、財産管理部門としての宗教法人がその教会の意思決定に従います。この秩序は非常に重要です。

しかし、キリストの体なる教会としての議事と、宗教法人法に基づく議事の区別というのは、簡単ではありません。なぜならキリスト教信仰自体が、宗教法人法で考えているような宗教的事柄と世俗的事柄を分類する二元論に立たないこと、また計画と予算そして不動産取得などは連携しているため、世俗的事柄のみを扱うという宗教法人法の前提に無理があるからです。さらに、それぞれの教会・宣教団体の教憲教規や法人規則、その団体の組織文化や歴史があるので、共通のシステムを構築できません。一つひとつの教会・宣教団体ごとに検証することが必要でしょう。この検証を丁寧にしていく過程で、宗教法人法に基づく宗教的事柄と世俗的事柄の二分化できない現実に直面します。

第六節　「せめぎ合い」の起こる地で教会を建て上げる

キリストの体なる教会および宣教団体の意思決定および判断基準と、時代によって変遷する法令の基準には、常にせめぎ合いが生じます。ときに教会内からも生じる「法令遵守至上主義」、つまり「宗教法人格を取得したのだから、法令遵守こそキリスト教会の誠実さであり、世に対する証しである」という考え方に屈してはなりません。

ある教会の例ですが、戦後すぐに宗教法人格を取得し、簡単な法人規則のみがありました。伝統的に牧師が代表役員になり、その他の役員を総会選挙で選出していました。教会の宗教法人規則には「代表役員は責任役員の互選による」と記されているのみでした。宗教法人の総会が開催され選挙によって責任役員が選出されたとき、その教会の法人規則には「牧師が代表役員になる」と記されていなかったために、「宗教法人の規則を守るために、牧師も他の役員と同じように選挙に基づいて選出され、法人責任役員会の議決によって代表役員に選出されるべき」「法令遵守こそ教会の責任」という主張に誰も反論できなかったということもありました。

キリストの体なる教会と異なる原理によって構成されている宗教法人法との間には「葛藤、せめぎ合い」があることを認識し、その教会や宣教団体の歴史や、現在の役員やメンバーの方々の理解の助けになるように、丁寧に教会の言葉をもって、教会の財産管理部門（宗教法人）の組織を形成します。「神の国の民としての考え方」と「宗教法人法」との間のせめぎ合いを生きる知恵とみ霊に満ちた人として献身する役員が、教会・宣教団体には必要となるのです。

第七節　「せめぎ合い」と教会論

「せめぎ合い」の起こる地で着地点を見出す

文化庁が説明する宗教的事柄と世俗的事柄を分ける考え方は、私たちの持つ福音理解とは相容れないこと、宗教法人法の意思決定システムが教会的思考に合わないため、厳密な意味での法令遵守と教会的良心的判断とは相容れないものであることは述べてきた通りです。宗教法人法側からは宗教的事柄を宗教法人規則で扱うことは要請さえしていないのです。

現実には宗教法人責任役員会や法人総会の下に、信仰的事柄を話し合い、宗教法人法の趣旨に自ら反しながら法令遵守を貫いていると思い違いをしていることが多くあります。教会自体が「せめぎ合い」を理解していないか、あるいは法令との矛盾や葛藤を避け、文化庁が言う「世俗的事柄」に自ら下って教会政治を行ってしまっていることも起こっています。

法令と教会的思考の嚙み合わない部分、せめぎ合いの部分があることを認め、その齟齬を現実の中でどのように着地させるか、常に神学的思考を働かせながら、その教会や宣教団体の信仰に基づく意思決定と法人規則における決定事項との「葛藤、せめぎ合い」を理解し、法令至上主義に陥ることなく、しかし原則として法人規則を遵守する着地点を見出していく知恵が問われるのです。「せめぎ合い」や「この世」を退けることによって、かえって何が「この世」的か判断できなくな

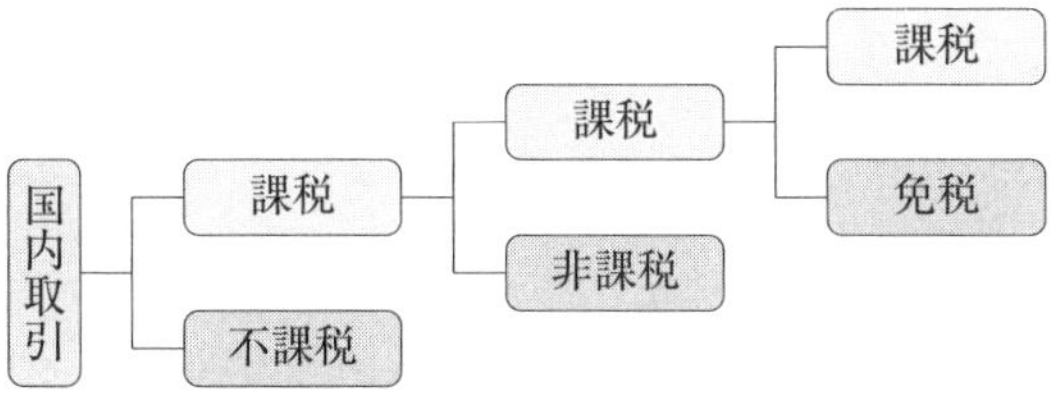

り、結果として「この世」に支配されている教会形成になっていないかという問題提起にまでつながるのです。

宗教法人法の限界を理解し、教会や宣教団体として主体的に意思決定をし、宗教法人を財産管理部門に「留《とど》めて」おく責任がキリスト教会・宣教団体にはあるのです。それは教会に潜み入るこの世性に対して研ぎ澄まされた信仰の良心をもって対峙する教会の歩みそのものです。その責任を引き受けるとき、教会は地に立つ教会として歩むことになるのです。

言葉を大切に

言葉も正確に用いたいものです。例えば「宗教法人格を取得すると固定資産税は免税となる」という表現を聞くことがあります。課税には不課税、非課税、免税と三つの考え方があり、不課税とはそもそもの性質上課税対象ではないものを指します。非課税は課税対象でありつつ政策的見地から課税しないものを指します。それに対し免税は本来課税されるべきものが一定の認可を受けることによって課税が免除されるものです。「税務署から免税にしてもらう……」という表現も時折耳にするのですが、固定資産税・都市計画税は地方税ですから都道府県事務所が扱いますので、国税を扱う税務署という表現を用いないように心がけると同時に「免税にしてもらう」という表現の中には、どこかで許認可制度のニュアンスを残していることになってしまいます。正しくは「都道府県税事務所で非課税」という表現になるでしょう。信仰告白や教理に関しては言葉を大切にする教会ですから、その財産管理部門とこの世の接点においての言葉も大切にしたいものです。

まずは教憲教規・規約をしっかり定め、宗教法人事務は、その財産管理部門として運営することを心掛けます。あまり意識せずに法人規則のことを「規約」と呼ぶことも多いようですが、宗教法人法に基づく約束事は「規則」「法人規則」です。その言葉を使い分け、教会役員会や総会でも法人規則による判断ではなく、「教憲教規・規約によると……」という筋道の立て方をいつも心に定めておきたいものです。

信仰的立場を貫く

教会・宣教団体は、所轄庁が法令違反の要求、つまり信仰の内容にまで踏み込む要求をしてきたときには、抵抗することも大切です。教会には歴史的に抵抗権という考え方が認識されてきましたが、準則主義であるにもかかわらずまるで許認可のようにふるまう行政窓口に対して静かに抵抗することは、教会が教会であるために大切なことです。ただし、単位教会だけで抵抗するのではなく、教団教派で連携して法令について思索を深め、さらにこの分野に信仰的視点をもって取り組んでいる法律家と協力しながら抵抗することが大切でしょう。

かつて献金袋の表示に「領収」という言葉があったことから、課税扱いを受けた教会がありました。そのとき日本キリスト教連合会（カトリック・聖公会・プロテスタント連合団体）が国税庁と協議し、献金袋に関する解釈を明確にし、課税すべきでないことを立証したことがありました。ときには不利益を受けても「否」と言う備えも持つべきでしょう。かつて「国家神道は宗教ではなく、国民儀礼」として国家が神社崇拝など教会に信仰の内容にまで要求をしてきた歴史があり、現在の自民党の憲法改正案では「社会通念」という言葉を用いて、一定の神道儀式を「非宗教化」し、同じことが繰り返されようとしていることに、注意を払っておくことも大切です。

すでに学校法人をはじめとするいくつかの公益法人に対し文部科学省が要請をしているように、天皇逝去のときには弔旗をあげるようになどの要請が、宗教法人格をもっている教会に対してないとも限りません。「教会も税制優遇を受けている公益法人なので国家の要請に従うのは当然のこと」という声は教会内部からも挙がる可能性は十分にあります。また「教会にもいろいろな考えがあっていいはず。一つの考えを押しつけないでほしい」という声もあります。しかし「法令遵守」に関しては、その法令自体が神様のみ旨にかなっているかどうかについて神学的思考をもって深く考えることが大切です。

本章では、宗教法人法と教会の関係をめぐって、教会がこの地にあって立つために、どのような法令として理解するかを考えてみました。次章では、具体的な例を用いてさらに宗教法人法と教会の関係を探っていきます。

第四章　教会と宗教法人法（実践編）

第一節　地に立つ責務を引き受ける

せめぎ合いに生き、この地（世）に教会を建て上げる

前章で述べたように宗教法人法は宗教団体を「世俗的事柄」および「宗教的事柄」に分類し、その「世俗的事柄」のみを扱う法令としていますが、第四条では「宗教団体は、この法律により、宗教法人となることができる」と記され、宗教団体＝宗教法人であるかのような誤解を招く表現をもち合わせています。

また、宗教法人法による宗教団体の定義は、

宗教の教義をひろめ、儀式行事を行い、および信者を教化育成することを主たる目的とする左に掲げる団体をいう。

１　礼拝の施設を備える神社、寺院、教会、修道院その他これらに類する団体

２　前号に掲げる団体を包括する教派、宗派、教団、教会、修道会、司教区その他これらに類

する団体
となっています。第一項を単位法人、第二項を包括法人としています。上記の定義に当てはまらない「日本宗教連盟」は公益財団法人、「日本キリスト教連合会」は任意団体として活動しています。

　宗教法人法に基づく宗教団体の定義はキリスト教会のあり方とは噛み合わない部分をもち合わせていることを承知した上で、具体的な法人の手続きを進めていくことになります。この世とのせめぎ合いはこの法令とキリスト教的世界観との対峙のみではなく、教会がこの地上の営みの中で直面する現実でもあり、教会がこの世に立つ真価が問われます。

「この地（世）に立つ教会」は、このせめぎ合いを理解しつつ、法令の趣旨との齟齬、行政窓口への対応、教会内部の理解の調整など、直面する現実を全否定することも全肯定することもなく、教会の営みの中でせめぎ合いを引き受けることから教会の具体的な歩みが始まります。神様が私たちをこの地（世）に遣わされた現実を受け止め、何が地（世）に立ち続ける教会としてふさわしいかを深く思考し続け、その思考を背景にこの世の法令や行政のあり方、そして広く言えば政治にも関心をもち、この地（世）に立つ教会の存在意義を深め、この地（世）での責任を果たせる教会とは何かという問いをもち続けることが、キリストの体なる教会に仕える第一歩となるでしょう。

宗教法人認証を受ける意味

一般に教会が宗教法人格を取得する大きな理由は非課税でしょう。個人名義では固定資産税がかかりますし、名義人が天に召された時には相続（税）の問題が発生します。非課税は経済的に決して豊かと言えない教会財政にとって大きな助けになりますが、非課税を目的としたのでは、宗教法人格を取得する意味を誤ってしまいます。宗教法人格取得の理由として提案したいのは、「教会がこの地に立ち、信仰の良心に反しない限りこの世の法令遵守の歩みをしつつ、継続的かつ安定的に教会の財産を管理することを通して礼拝場所を確保し、キリストの体なる教会の営みを維持し、支え、地（世）に立つ教会の姿を模索するために法人格を取得する」というものです。この理由には宣教的側面が少し弱いと感じていますが、よりふさわしい説明になるように検討を続けていきたいと思っています。諸教会・諸教団において、さまざまなせめぎ合いの理解の深化とこの地（世）に立つ教会における宣教理念の成熟を求めて歩みたいのです。

「信仰の良心に反しない限り」と記したのは、この世の法令が教会の最高法規ではなく、神の国の倫理に反するときには、抵抗する権利を教会はもっていることを常に理解しておく必要があるからです。教会も社会の一員なのだから法律には従うべきという意識が教会の中には根強くあり、法令遵守こそキリスト者の倫理と考えるところに、実は大きな課題が潜んでいることに気がつく必要があります。

「継続的かつ安定的に」とは、教会の財産管理部門の代表者が交代したときにも継続して教会の財産として第三者への対抗要件を維持し、礼拝場所が確保され続けることを意味しています。「地（世）に立つ教会の姿を模索するため」とは、教会がせめぎ合いに生きる苦しみと祝福を経験し、安易な答えに至らずに考え続けることを期待しているためです。

現在の宗教法人法は世俗的事項つまり財産管理部門に限定しているという趣旨において、教会は宗教法人法を受け入れる余地をもっていますが、かつての宗教団体法のように許認可制、信仰の内面に深く関わるような条文を組み入れて改正と称して、いつ国家が教会に迫ってくるかは測り知ることはできません。

次の政府答弁を少し注意深く読んでみたいのですが、一九九五年一二月一日参議院宗教法人等に関する特別委員会文部省政府委員答弁では「宗教は、人心を安定させる、日本の精神文化を向上させることのために不可欠であり、宗教法人の存在が日本国民一人ひとりの生活に深く定着し大きな役割を果たし……、宗教法人は公益法人であると考えている」とあります。この答弁において「宗教法人が公益法人である」と考える理由は、「日本の精神文化を向上させる」ことのゆえとしています。これが日本政府の基本的な考えと言えるでしょう。宗教法人は宗教団体の世俗的事柄だけを扱う法令のはずですが、この政府答弁は宗教団体の宗教的事柄を扱っている時点ですでに混乱があります。さらに「日本の精神文化を向上させる」という時点で、すでに宗教の存在意義が国家の安定に仕えるものとして位置づけられており、かつての「宗教報国」[1]という考え方と同一線上にあると受け止めることができます。このような文脈をもって「宗教法人は公益法人である」と説明している政府に対し、教会の側も「宗教法人も公益法人なのだから法令遵守が証しになる」と考えてしまうと、「教会と国家」という神学的思考が「公益」という言葉を介して国家と教会が結びついてしまい、キリストの体なる教会が崩れていってしまいます。宗教法人格をもっている教会は、常にこの世とのせめぎ合いを理解し、法令の趣旨と教会の営みの「せめぎ合い」と「着地点」を思考し続けることで、教会と法令や国家との関わりを意識する機会をもつ、足腰の強い教会になっていくのではないでしょうか。

宗教法人法から少し離れて日本の宗教政策全般を見るとき、信教の自由が保障されているとは言えず、教会は信仰の良心を研ぎ澄ませる必要があるでしょう。山口自衛官合祀訴訟(2)での最高裁の「キリスト者は寛容であるべき」という判例は、教会の抵抗権の芽を摘もうとしているかのように見えます。教育現場での「日の丸・君が代」に対するキリスト者の抵抗に関しては、かつて政府が「内心の自由」は保証されると言っていた自由についても、「内心において不服従である」という論理がまかり通るようになってしまいました。

宗教法人格を取得することは、この世の法令遵守と神の国の民としての生き方とのせめぎ合いに立つ苦難の道に足を踏み入れたことを意味します。その苦難の道を歩むことで、教会は荒れ地であり泥沼に足をつけ、苦闘しつつ、この世に福音を語ることを選び取っていく主体的な歩みとなるのです。この苦闘を避けながら心の平安のみを追い求めるのではなく、この地に起こるせめぎ合いに立ち向かうとき、地に立つ教会となっていくのです。宗教法人格を取得するということは、非課税という小さな目的ではなく、この地で福音を宣言する教会であることを選び取る主体的な決断なのです。

第二節　初めての宗教法人格取得

法人格取得に関して、教会への説明

法人格取得は教会がこの世でせめぎ合いに生きることを受け止め、地に立つ教会を形成する責任を引き受けることを述べてきました。そのため宗教法人格を取得するに当たり、教会はこれから何をしようとしているかを理解し、その準備に取りかかることが大切です。法人格取得と言っても、さまざまな背景があります。教会として個人の不動産を長年用いてきた後、機が熟してその不動産を所有者から寄付を受ける形で法人認証を受けようとする場合もあれば、包括法人名義だった不動産を単位法人となる形で法人認証を受けることもあります。他のキリスト教会の宗教法人から寄付を受けるかたちの認証もあるでしょう。手続きも行政窓口の判断も異なることがあります。

しかし共通しているのは、法人格取得に際し、教会員に宗教法人法の守備範囲、つまり財産管理部門に法人格をもつと説明することが最重要課題だということです。そして教憲教規・規約が教会における最高法規であることを確認すること、宗教法人格を取得するからといって信仰的事柄の変更をしないことです。認証手続きを前に行政窓口とさまざまなやりとりが始まるわけですが、認証

のために教会や宣教団体の活動のもち方、祈禱会のもち方の変更や、新たな文書作成など、法人認証のために信仰的事柄を変更するのはふさわしいことではありません。

単立教会で独自の教憲教規をもっていない場合は、法人認証手続きの前にまず教憲教規の作成を最優先にする必要があります。法人規則作成は教会の財産管理部門の決まり事を作成するのですから、その主体である教会の意思決定の基となる教憲教規をもつことが前提となります。キリストの体なる教会の意思決定に基づいて、その一部を財産管理部門とでも言うべき宗教法人で追認するという手順を確立することになるからです。

教会政治との関わりの整理

教会の意思決定の手続きは教会政治に基づきます。一般的には監督制、長老制、会衆制によって教会としての意思決定のプロセスが異なります。しかし宗教法人における意思決定は責任役員会にて決定します。このことは十分に理解される必要があるでしょう。教会の意思決定システムが会衆制だからという理由で、宗教法人規則にも総会を規定する教会があります。教会の意思決定と法人規則の意思決定を歩み寄らせる一つの試みではありますが、宗教法人法において総会の規定をしてもそれは一つの議決機関として存在するだけで、法人の決定機関が責任役員会であることは第五節の「教会役員会と宗教法人責任役員会」で述べた通りです。「議決機関として総会を設けてこれに一定の権限を付与することは差し支えないが、この場合でも、宗教法人の事務は、総会の議決を経た上で責任役員が決定する」（一九六三年二月九日雑調21）と説明されています。教憲教規において決定されたことを、その決定に従って財産管理部門の意思決定をするように責任役員を選び、意思決定システムを知恵深く構築することが求められるのです。

法人規則の作成

教憲教規の作成後に教会の財産管理部門としての宗教法人規則を作成します。宗教法人法の趣旨を理解し、法人規則には信仰的事柄を組み入れないようにします。ある宣教団体では、責任役員の選出に関して法人規則の中に「この法人の信仰基準に同意する者」から選任するように記されていましたが、財産管理のみを扱う宗教法人に信仰基準があってはならないのです。また法人規則の下に細則を作り、そこに信仰の事柄を入れることもあるようですが、それも避けます。ある教団では「宗教法人○○教団」の名称の下に信仰信条などが記されている規約集をもっていますが、注意深い構成をもつことが大切です。言葉としては「宗教法人○○教会」という言い方をすることがありますが、その意味は○○教会に内包される財産管理部門という意味なのです。

会衆制の教会であれば教会総会が教会の最高意思決定機関ですが、法人規則にまで総会を議決機関として組み込む必要はありません。教会総会で正式な意思決定をした議案のうち、財産管理の議案を間違いなく宗教法人責任役員が議決できるようにするシステムを構築することで十分であり、それが本来の教会のあり方です。その上で教会の決定が担保されるために、キリストの体なる教会の役員が財産管部門としての宗教法人の責任役員を兼務するか、あるいは過半数を常にキリストの体なる教会の役員が占める責任役員会を形成しておくことなど、知恵をもって組織を構成することです。

行政窓口との関わり

宗教法人認証は一定の要件を備えていれば法人認証を得られるという準則主義になっていることは先に述べた通りです。また、認証するのは「法人規則」であって、教会のあり方ではありません。「宗教法人法は憲法の信教の自由、政教分離の原則に則って制定されておりまして宗教法人の所轄庁には民法法人に対する許認可権や調査権のような権限はないと解され……、所轄庁が宗教法人に対し活動状況などの報告を命じたりするような制度になっていない」（一九九五年四月国会答弁）、「現在の宗教法人法では、これを調査したりあるいはその宗教団体の施設に立ち入ったりということはできないという建前になっておりますので、……一般的な資料からの調査はできますが、当該宗教団体に出向いてその実態を調査する、あるいは資料を請求して調査するということは権限上不可能……」（一九九五年四月三日参議院予算委員会）、「宗教法人に対しましては、通常の民法法人のように監督官庁がいろいろな調査をする、あるいは指導をするという権限はございません」（一九九五年四月二〇日衆議院予算委員会）があります。

上記は法人認証後の法人への対応ですが、許認可権がないことを国会答弁でも明らかにしています。準則主義であることから、宗教団体が必要な書類を整えて行政窓口に提出し、その書類に不備がなければ受理され、書面上での判断のみで審査そして二週間以内に認証されるということになっています。もちろん準則主義は届け出制ではありませんので、宗教団体の要件を満たしているかの確認のために一定の時間がかかることは仕方ない面ではあるでしょう。

しかし実際の行政窓口ではそう簡単にはいかないのが実情です。まるで許認可制であるかのような対応を受けますし、書類に不備な点があれば修正が求められます。しかし、現実には書類の不備の指摘等の前に起こりうる行政窓口との会話として、「人数が少なすぎる」「財政規模が小さすぎる」「不動産の抵当権を外す必要がある」「赤字会計では認証できない」「会堂が賃借権では礼拝施設が不安定ではないか」さらには「平均年齢が六五歳を超えているので安定的な宗教団体とは言えない」など、準則主義かつ宗教法人法の趣旨を超えたさまざまな対応をされることがあります。さらに、数年かけてようやく書類受理されると思っていた頃に行政窓口の担当者が変わり、最初から説明のやり直しということもあります。

そのとき、窓口で「準則主義であり書類は適切なのだから、そのような判断を行政窓口がするのは法令違反ではないか」と正しい主張をしても、行政窓口との関係は難しくなり、実際に認証から遠ざかってしまうことさえありえます。行政に対して不服を申し立てる道もありますが、教会はおそらく「行政窓口と争うのは証しにならない」として同意は得られないでしょうし、教会内の意見も分かれ、人間関係もギスギスしてしまうことも起こりえます。

論理が正しくても、その通りに進まない現実の世界を教会がどのように生きるかが問われる場面です。宗教法人格取得のために初めて申請に行く教会側は素人意識をもってしまいやすいのですが、知恵をもって行政窓口と対応することが必要です。教会側が宗教法人法に関してしっかりと学び、宗教法人法の趣旨をよく理解し、行政窓口がその法令の趣旨に反して訂正を要求してきたときには、おだやかに教会側から法令の条文や判例などを用いて確認をし、申請人である教会側が宗教法人法をよく学んでいることが伝わるように進めることが良いでしょう。

ただし、意見を述べるときには、ある程度行政担当者と数回の会話を積み重ねて一定の信頼関係を形成してからのほうが良いことは言うまでもありません。そのほうが結果として早く認証を得ることができるようです。行政窓口の方も仕事として取り組んでいるのですから、しっかりとした知識をもって申請した場合は、ぞんざいな対応を受けることは少ないはずです。行政窓口への対応は、申請に関して経験ある方にアドバイスを受けることが良いでしょう。

行政窓口では認証の要件を満たしていることを確認しますので、申請側の教会も、法人規則に準ずるものを作成し、その規則の運用の元に一定の期間を過ごしている実績をすでに作ることが肝要です。一定の期間というものを行政窓口では三年程度と見ていることが多いようです（規則等の認証に関する審査基準（留意事項）例　文化庁文宗第一〇五号　一九九四・八・二四　文化庁次長通達）。宗教法人規則に順ずる規則に基づいて三年程度の運用実績があり、すでにその他の書類も揃っていれば、行政窓口との交渉も申請側がリードできることもあります。何も準備もせずに「これからよろしくお願いします」と役所訪問をし、それから法人規則の作成を始めるようでは、行政窓口が主導的になり、いつの間にか許認可制度のようになってしまうのです。

私がＫＧＫの法人認証申請をしたとき、事前にかなり準備をし、行政窓口に挨拶に行った前後に設立総会を終え、基本的な書類を可能な限り完璧なものに整えて提出しました。書類に関しての不備の指摘を受けることはなく認証手順の確認のみとなりました。何度も行政窓口を訪れ、書類の不備を指摘されるようなことがないように、提出書類に関しては完璧に揃えつつ、準則主義だからといっていきなり申請書類受理をリクエストするのでもなく、何段階かに分けて行政窓口と関わりをもつことは、現実的な対応だと思います。

法人設立への実務

宗教法人設立の手順ですが、行政窓口は申請した宗教法人の規則を認証するに留まります。つまり提出した規則が宗教法人法に則った規則になっているかの確認のみだと理解して差し支えないでしょう。認証書その他の書類を根拠として法務局に登記をします。そのときに初めて宗教法人が設立されます。登記時の名称ですが、一般の法人ではその固有名詞に株式会社や公益財団法人などの法人格を付与しますが、宗教法人はその必要がありませんので、「〇〇教会」となります。実はこのことがあまり知られていないため、法人認証後に登記簿謄本をもって金融機関に通帳を作りに行くと、名称に「宗教法人」が付いていないために窓口では法人格の確認ができず、事務手続きが滞ってしまうことも珍しくありません。登記名称に法人格が付記されないことを説明し、金融機関の口座開設のときには法人規則の認証書のコピーをもっていくことなど、教会事務担当者が知っておくべきことはたくさんあります。

登記に関しては、司法書士に事前に相談し、規則認証書が届いたらすぐに登記できる準備をしておきます。責任役員会の議事録の提出が求められるとき、教会役員会の議事録をそのままコピーしてしまうのではなく、宗教法人法に定められた範囲の内容のみを抜き出した議事録を作成します。財産管理部門の宗教法人議事録に信仰的事柄を組み込まない習慣をつけておくことは、教会の姿勢として大切なことです。

宗教法人は収益活動をしない限り非課税ですが、登記および法人設立によって自動的に非課税になるのではなく、非課税申告手続きをする必要があります。境内地証明を取得するなど必要な書類を整えなくては登録免許税、不動産取得税も非課税にはなりません。法人認証をもってホッとしてしまい、その他の申請を怠ってしまったために、非課税だと思っていたものが課税されることもありますので、よく備えておきましょう。

第三節　宗教法人と教会事務管理との関係の整理

二つ以上の会堂をもつ教会

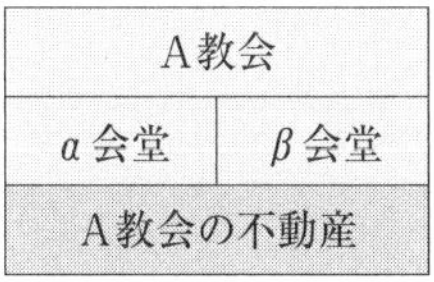

図1

図2

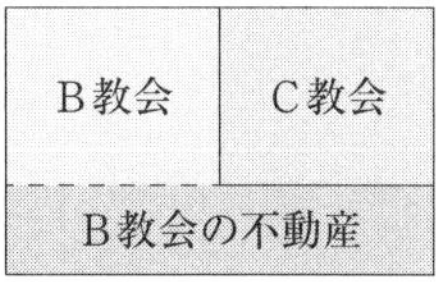

図3

教会は必ずしも一教会一会堂とは限りません。一つの教会で二つ以上の会堂をもち、一つの教会として活動している場合はたくさんあります。A教会にα会堂、β会堂があり、「一つの教会」として不動産もA教会が所有し、財産管理部門である宗教法人が二つの会堂（不動産）を所有することは問題ありません。

ここで取り上げるのは、図3のように、教会の主体としては別々の教会でありながら土地建物の所有者が一つの教会の財産管理部門であるケースです。開拓宣教のために土地建物を購入し、そのC教会がすぐに法人認証を受けることが難しいと考える場合、同じ教団で法人格をもっているB教会の不動産登記とすることがあります。

法的に不動産所有をしているB教会は年に一度所轄庁に財産目録などを提出するにあたり、C教会から提出された資料を合算した会計書類をB教会の法人規則の手続きに従って承認をした後、提出することが多いようです。法人規則で教会総会を位置づけている場合、普段別々の活動をしていても、法人総会では二つの教会が合同で総会を行い、「B教会とC教会は同じ法人のもとにある教会です」という説明を聞くこともあります。この言葉を字義通りに受け止めると図2のように、一つの法人のもとに二つの教会があるという意味に受け取ることができますが、宗教法人法が説明している「世俗的事柄」の下にキリストの体なる教会が存在することになってしまっています。

土地を法的に所有しているB教会とC教会との関係は、B教会はC教会の財産管理部門を一定期間委ねられた受託教会であり、C教会はその不動産の所有の権利義務を果たすことを一定期間B教会に委ねた委託教会と理解しつつ、C教会は宣教協力に基づきB教会から使用貸借によって土地建物を借り受けているというのが本来の理解のはずです。委託教会は、不動産は自分たちの所有ではないこと、不動産管理においては主権をもっていない経過措置にある状態であることを理解しなくてはなりません。このような教会の状態に対しての評価は控えますが、財産管理に関して、委託教会では主権をもって判断ができない状態であることは認識すべきでしょう。可能な限り速やかにC教会は法人認証を受ける備えを始めるべきです。

洗礼の試問を自分の教会の役員会では決議できず、他教会の役員会や総会の判断に委ねるとするなら、問題の本質をご理解いただけるでしょう。洗礼の試問であれば教会の主体性に敏感な教会が、その財産管理においては「他教会の所有」であることを許してしまう土壌がキリスト教会にあるところに、「地（世）に立つ教会」の脆弱さが問われているのです。

さまざまな現状の中で、すぐに財産管理の問題に決着をつけることはできなくとも、まずは何が課題であり、何が教会的に問われているのかを認識することが大切です。これは法令上の問題ではなく、教会の主体性の問題であり、法令やこの世に対する教会の姿勢の問題です。そして他教会に財産管理部門を委託することについて、短絡的に合法か違法かの議論や事務的合理性の議論をする

a 教会	b 教会	c 教会
不動産所有	不動産所有	不動産所有
被包括	被包括	被包括

図１

d 教会	e 教会	f 教会
包括法人名義の不動産	包括法人名義の不動産	包括法人名義の不動産

図２

のではなく、教会のあるべき姿を考えることです。

包括法人と単位法人

教団本部などは、包括法人として法人格を取得していることが多いようですが、「包括法人とは何をする法人か」については、極めて曖昧です。包括法人もまた財産管理部門の包括事務を取り扱うだけの権限しかありませんので、包括法人＝教団本部とはなりえないことは単位法人と同じ構造ですが複雑ですので注意深く考え抜く必要があります。

実際の運用として検討すべきことは、同じ教団の中に単位法人格をもった上で包括関係にある教会と、包括法人名義の教会が混在していることへの対応でしょう。包括法人格を所有する教団（教会）には、現実的な二つの運用があります。

第一は上記の図のａ－ｃ教会のように単位法人を包括する事務を取り扱う法人です。ａ－ｃ教会では個別の財産管理については独自の判断に基づいて行うことができます。

第二は包括法人がｄ－ｆ教会のように直接不動産を取得している場合です。ａ教会からｆ教会までの教会は、教団との関係が、その信仰的な内容においては全く同じ関係でありながら、財産管理問題になると自己所有の教会とそうでない教会が混在しています。d教会からf教会は、各個教会が実際の決定権をもっているかのように存在していますが、財産所有権は包括法人にありますので、包括法人の決議がなければ、財産管理については何もできません。

例えば、a教会が教団を離脱し、教会財産も含めて独立することは可能ですが、f教会が教団を離脱するとき、会堂の所有権は包括法人（教団の財産管理部門）にあるため、財産をf教会に移管することは簡単にはできず、係争のもとになることもあります。財産管理についての権限が教会的に「どこ」にあるべきかをしっかり定め、法人規則と教会の主権に関しての考え方を整理し、教憲教規と法人規則とをつなげる定めを作成しておくことが必要です。それは将来に起こる紛争回避のためという消極的な側面だけではなく、教会がこの地に立ち続けるためのせめぎ合いを理解し、その困難の上に立つ教会であることを認識することが、この地に対して福音に生きることを教会として宣言することにつながっていくからです。

教団（包括法人）名義の各個教会

包括法人名義（通常は「教団名義」と言われることが多い）の教会は、財産管理に関する法人事務をする必要が少なく、教団の教憲教規あるいは教会独自の規約に基づいて教会の営みをし、年に一度「この教会は教団名義だから」と、一定の書類を教団に送っていることが多いのではないでしょうか。これも「教団名義」とは、「教団に内包されている財産管理部門である包括法人の名義になっている」と理解することが、正確な考え方です。信仰的な事柄については教会が主体的に決めながら、財産管理については主体的決定権がなく包括法人に委ねていること、つまり教会には主体的決定権がないという現実を教憲教規と照らし合わせて考える必要があるでしょう。

第四節　監査について

会計監査

監査という言葉で最初に思い浮かべるのは会計監査でしょう。教会総会などで会計担当役員が決算報告をした後、監査の方が「相違ありません」と一言述べ、監査報告書が提出されることもあります。しかし、会計担当者が「相違ありません」という根拠は、あまり確認されていないようです。内部監査でもあり、残高証明書と会計報告の残高が合致していること、領収書綴りを見て「大丈夫ですよね」と言った会話のもとに「相違ありません」と言うことが多いのではないでしょうか。

会計上の不備が発覚したケースでも、会計監査で承認され、会計不備を何年も見抜けていないことが多くあります。そのとき、監査が不備だったと指摘されることはほとんどないのが実情です。

ある団体の会計不備によってトラブルに発展したケースでは、数年の間、決算報告書は会計監査を経て総会で承認されていました。教会やキリスト教団体の一般的な内部監査では、会計の不備を見抜くことはほぼできないと感じています。

また逆に、教会で会計に詳しい方が監査になり、厳しく監査をし、予算をわずかでもオーバーした場合は、役員会議事録の提出を求め、予算超過もしくは予備費対応の議決や追認議決を要求したり、本質とは関係のない書類の表記の差異さえ認めないという厳しい監査が繰り返され、奉仕者が疲れ果ててしまうことも、避けたいものです。

そのため会計監査は何をどのように監査するかという一定の約束事を定めておくことも必要です。監査報告の「相違ありません」とは、この約束事に則って書類を確認した結果「相違ありません」という意味として受け止めます。監査があまりにもルーズになることも、厳しすぎて対応できないということからも守られるようにしたいものです。

教会事務監査

監査には会計監査だけではなく事務監査もあります。教会事務が適切であるかの確認です。教会の議決は教憲教規に則って適切になされたか、議決事項は適切に記された議事録という形で記録されているか、さまざまな契約は適切になされたか、役員会や総会開催において定足数は満たしていたか等の事務手続きの確認です。

例えば法人格のない教会、あるいは教団（包括法人）名義の教会でコピー機のリースをしたとします。契約者の名義はどうすべきでしょうか。牧師個人名義であったり、契約に立ち会った役員の名義になっていることもあります。しかし、法人格のない教会の場合は「○○教会代表者△△」とするなどという約束事を教会で定めておき、そのようになっているかを監査します。特に法人格のない教会では通帳の名義、契約書の名義、届け出書類の名義の確認は必要です。教団（包括法人）名義の教会の場合には真正の契約主体はどこにあるのかなど、包括法人との取り決めを定めておくことが望ましいでしょう。

牧師謝儀に関して社会保険等の事務手続きが適切になされているか、外部奉仕者への謝礼に対して源泉税などの処理は適切かなど、さまざまな事務を監査します。会計的に数字が合っていても、名義が異なるということもときどき見受けられます。

また事務監査では役員会の議事録を丁寧に読み解く必要があります。教会の議事録を見ると、話された意見がすべて記されている会議録あるいは会話録とでもいうような議事録があり、さまざまな意見が並行して記され、意思決定への道筋が分かりにくい議事録があります。また、その反対に決定事項だけが記され、その重要な意思決定へのプロセスが全く分からない議事録もあります。どのような議事録が適切な議事録であるかを見極めて、役員会に提言することも事務監査の大切な役割の一つです。

例えば、役員会議事録において会堂建築のための資金調達方法として牧師個人名義の住宅ローンを組むことが検討されていることを知ることもあります。このようなとき、役員会で検討していることが本当に教会としてふさわしいか役員会に再検討を促すような事務監査でありたいものです。教会事務監査で毎年確認していくことで、教会の歩みが健全に守られていくことに資することになります。

法人事務監査

教会事務監査と法人事務監査を分けたのは、法人事務は法令の趣旨に基づき、財産管理の範囲に限られたものになっているか、宗教法人備えつけ義務書類などが揃っているか、ふさわしい形で届け出書類が整っているかの監査を、教会事務監査と分けるためです。教団（包括法人）名義の教会や他教会名義の教会には法人事務監査は存在しませんが、教会事務監査は必要です。

教会事務監査および法人事務監査においても、あまりにも厳しすぎる監査にもならず、ルーズなものにもならないように、一定の監査規定を定めることが有効です。

第五節　法人格のない教会

最後に法人格のない教会について考えてみます。教会は必ずしも宗教法人格をもっているわけではありません。例えば、初代牧師が自宅を開放した家庭集会から教会に発展した場合、信徒が家を献げて教会として用いている場合、長年借家を借りて礼拝している場合などさまざまです。不動産が個人名義の教会もたくさんあります。

個人名義の不動産の場合、基本的に固定資産税は課税となりますし、配慮すべきさまざまな課題があります。通帳や契約の名義にはじまり、会堂修繕、特に大きな改築のときの建築申請などは誰の名義になっているか、牧師謝儀をお渡しするときの税務処理や事業所の開始届を出しているかなどさまざまです。

名義人が召天した後、法定相続人がキリスト者とは限りませんし、相続においてトラブルになることもあります。完璧な対応策はありませんが、考えうるだけの備えをしておく必要があるでしょう。また法人格を取得するまでの期間、人格なき社団としての要件を満たしておくこと、将来宗教法人格の取得の検討などが必要です。また人格なき社団としての要件を満たさない教会の献金は、余剰金が出た場合に代表者や牧師個人の事業所得とみなされて課税される可能性もあるので、人格なき社団の要件を備えておくことをお勧めします。

人格なき社団である教会の要件としては、その団体に規約があり、規約の中に名称、事務所の所在地、団体の目的、代表者の選任規定と代表権について、団体の意思決定機関としての役員会・総会について、会員の定め、資産の適正な管理についてなどが記されていることと、その規約に基づいて運営していることが必要です。人格なき社団である教会が法人格を取得する場合も、不動産の代表者の登記名義人が交代する場合も、上記人格なき社団の規約に基づくことと、名義人との間に一定の覚書を交わし、必要な手続きをとることが必要です。この必要な手続きについても、前述の『教会事務 navi』に詳しく記されています。教会のあり方と関連法令に関して常に認識しておくことが求められるのです。

第六節　まとめ

宗教法人法の趣旨を理解した上で、法人格を取得し、せめぎ合いに生きつつ、この地（世）に教会を建て上げる課題をまとめてみます。

第一は、宗教法人法の考える宗教団体理解とキリスト教的世界観とは嚙み合わない思想であり、その嚙み合わないままにこの地（世）に立たなくてはならないということです。嚙み合わないからといってこの世に背を向けるのでもなく、無条件に法令遵守主義にもならず、せめぎ合いの道を歩みつつ、そこに教会を建て上げます。

第二は、行政窓口が宗教法人法の準則主義の正しい理解をせず、許認可主義的な対応をされることで、行政窓口に対して弱腰になり、教会の足腰が弱くなってしまわないようにすることです。教会側の知恵のある対応が求められます。

第三に、教会内部においてもそのせめぎ合いを「争い」と受け止め、そのせめぎ合いや葛藤に立ち続けるよりも、心の安らぎや平安を求め、さらに「この世と争うことは証しにならない」という理解が浸透していることもあります。しかし、せめぎ合いに直面しないとすれば、宗教法人格取得を「非課税」として利用しているだけで、この地に立つ教会の本質にたどり着いてないと言うと、少し厳しすぎるでしょうか。

第四は、以上のようなことを受け止めながら、日本キリスト教史、特にかつての宗教団体法とキリスト教会の関係をしっかり学び、骨太の神学的思考をもつことです。

宗教法人格を取得して教会の営みを続けるということは、まさに教会がこの世の最前線に立ち、社会に生き続けるための葛藤・せめぎ合いを認識しつつ、それでもこの地に生きる喜びと希望を宣言する存在となることです。このせめぎ合いの苦しさから身を引くのではなく、教会がこの地（世）の最前線に立つからこそ、この世で苦闘している教会員と共に教会を建て上げていくのです。教会が真の意味でこの地に教会を建て上げ、せめぎ合いに立ちつつ、福音を高らかに宣言することを通して、「教会は甘い」とか「牧師には社会経験が必要」という言葉が教会内から静かに消えていくようにと願っています。

教会はそれぞれ個別の歴史と課題がありますので、共通の対策マニュアルはなく、せめぎ合いに対する深い思索とそれを引き受けることを、各々の教会（教団・宣教団体）が責任をもって決断することになります。教会がこの地に不動産を所有し、国内法に基づいて維持管理しようとするとき、教会の持つ世界観とは異なる原理に直面することを受け止めつつ、しかし信仰の良心に反しない限り法令を守り、法令遵守至上主義に対しては注意深い思考と態度をもちたいものです。

法人格がない場合は、人格なき社団として教会の営みをし、単位法人として宗教法人格取得を目指す歩みを通して教会が学ぶこともあるはずです。教団側も法人格のない教会に対して包括法人名義にすることで地域教会の財産管理の責任を軽減する配慮をしたり、安易な非課税を選ばせるのは、個別の教会を「地に立つせめぎ合いに生きる教会形成」から遠ざけているかもしれないと、立ち止まって考えることも必要なことではないでしょうか。ときには「包括法人名義」という道を選ばず、教会が人格なき社団としての要件を満たしつつ単位法人格取得を促すことが、教団としての使命だと理解できるケースもあるはずです。

この地に留まり、教会の資産管理と法令との関係を信仰の視点をもって捉え、葛藤がありつつも行政との関係をもち続け、その上でどのようなことが「信仰の良心に反しないこと」であり、「知恵を働かせて歩むことか」を現実の中で思索していくとき、この地（世）に立つ教会として、福音の証人となると信じています。

注

（1）戦時下に成立した日本基督教団の創立総会では「われら基督教信者であると同時に日本臣民であり、皇国に忠誠を尽くすを以って第一とす」と宣誓するなど、宗教活動をもって国家のために尽くすという思想のこと。

（2）夫であった自衛隊員が公務中に発生した交通事故で亡くなった後、殉職として山口県護国神社が合祀した行為に対し、キリスト者の妻が合祀申請の取り下げを依頼したにもかかわらず、護国神社が合祀したために起こされた裁判。最高裁まで争われたが、その判決において「多数意見のいう寛容が要請される場合であるといわなければならない。……慰霊等の方法が他の近親者にとってはその意思に反するものであっても、それに対しては寛容が要請されなければならず、その者の心の静謐を優先して保護すべき特段の事情のない限り、その人格権の侵害は、受忍すべき限度内のものとして、その違法性が否定されるべきである」とされ、妻の信教の自由は、合祀によってキリスト教への信仰が妨害されたわけではないとし、「寛容の精神」を説いた判決となった裁判。

第五章　文書管理

第一節　言葉（文書）と教会形成

文書を読み解くということ

教会はその歴史の中でさまざまな文書を記し、残してきました。信仰の試練に直面し、自らの信仰に堅く立つための信条や信仰告白、教会で語られてきた言葉の説教原稿、教会の営みを記した週報、教会会議の議事録など、一つひとつの文書が教会の歩みを形作り、記録の積み重ねが歴史となり教会の歩みの土台となってきました。書かれた文書を後の時代のキリスト者が読み、人々の心を奮い立たせ、立ち直らせ、ときに悔い改めに導き、歴史の中で大切な役割を果たしてきました。

過去に記された言葉によって現代の私たちが心動かされるのは、文書の背景に神を信じて歩んだ人々の息遣いが聞こえてくるからです。教会に残された文書を読み解くこと、あるいは残されるべき文書が存在していないという事実に直面することを通し、私たちも文書や言葉を記す教会の歩みに招かれています。

キリスト教を日本にもたらしたのがフランシスコ・ザビエルであることは知られていますが、その後の長いキリシタン禁教令の後に再び宣教の扉が開き、プロテスタント・キリスト教の伝道が始まったきっかけについてはあまり知られていないようです。

明治政府が近代国家となり、信教の自由がかなったという事実はなく、明治政府はキリスト教禁教令を変えませんでした。明治政府が樹立し各地の港が諸外国に開港され、外国人居留区内に外国人用の教会が建てられましたが、日本人に対しての禁教は続いていました。当時、江戸時代から長く続いた迫害によって日本のキリシタンは絶滅していたと思われていたのです。その禁教下にいのちをかけて信仰を告白した一人の女性、杉本ゆりによって日本に信仰の灯火が継承されていたことが明らかになり、再び明治政府によるキリシタン大弾圧が始まりました。その大弾圧が外国人居留区から母国に報告され、外交問題にまで発展し、明治政府は「信教の自由」への道を外圧によってこじ開けられることになります。明治憲法における信教の自由には大きな課題があり、その後に葛根を残す[1]ことになるのですが、一人の女性杉本ゆりの信仰告白によって、明治政府が動かされていったのです。

その杉本ゆりの言葉を正確に残しているのが、その告白を聞いたフランス人宣教師プチジャンの日記です。その日記には、一人の女性が“Wareranomune anatato onaji”と告白したと記されています。杉本ゆりは隠れキリシタンの末裔として生まれ、主の時が満ちて外国人居留区に教会（現在の長崎にある大浦天主堂）が建ったとき、いのちがけで告白した言葉が「ワレラノムネ、アナタトオナジ」、つまり「私たち浦上にいるキリシタンの信じているものは、宣教師であるあなたがたが信じているものと同じなのです」という告白でした。杉本ゆりは周囲の反対を押し切り、死んでもいいと決心してこの言葉をプチジャン神父に伝えました。この素朴な信仰の告白が、世界を動かし、明治政府を動かしたという歴史の事実に触れるとき、言葉の持つ力の前に、身の引き締まる思いになります。そして、その告白の記録を残したプチジャン神父によって、日本近代キリスト教の幕開けが素朴でいのちがけの信仰告白であったことが知らされるのです。

私たちの信仰告白も、杉本ゆりが「ワレラノムネ」と語り始めたように世界をも変えることのできるいのちの言葉と信じて礼拝ごとの信仰の告白をしているでしょうか。信仰の告白が「我ら」として、教会の交わりの中で告白されているだろうかと、この短い言葉から問われるのです。

聖書の中にも、文書を読み解くことで歴史が変わった事実が記されています。エステル記では、ハマンの陰謀によってユダヤ人を絶滅させる王の法令が出され、その知らせを聞いたユダヤ人の間には大きな悲しみ、嘆きが起こりました。エステルは王にその首謀者であるハマンとの宴会の時を設定するように依頼したその夜、「王は眠れなかったので、記録の書、年代記を持って来るように命じ、王の前でそれを読ませた」（エステル六・一）という出来事がありました。王が読んだ文書によって、王は自分が知らなかった出来事を知り、自分を守ってくれたモルデカイという人物に栄誉を与えたいという思いが与えられたことから、ユダヤ人絶滅を願うハマンの陰謀が崩れ、さらにエステルの勇気と知恵のある発言によってユダヤ人を滅ぼす法令は反故になっていったのです。

「年代記」を記した人は、モルデカイを救い、ユダヤ人を救うきっかけになるとは想像することもなかったでしょう。正確な記録、そしてすぐには日の目を見ないように思える記録の言葉が、主の時が満ちて用いられることがあります。

エズラ記においても、神殿再建工事の妨害が激しくなったとき、バビロンの文書保管所にある一つの巻物が発見され、そこにクロス王が神殿再建許可の文書があったことが、反対者を抑え再び神殿再建に寄与したことも聖書の中には記されています。

文書を残すということ

教会の記録として保管され、やがてふさわしい時に読み解かれる文書は、神の歴史を形成するための神の国を建て上げるための設計図あるいは修繕記録とも言えるでしょう。一般的にも建物を修繕するとき、施工者から「設計図を見せてください」と求められます。その建物を修繕するには、当初どのような意図で建てられ、どのような構造・設備があり、どこに不具合があるのかを判定してから修繕工事が始まります。その設計図あるいは修繕記録となりうるものが、教会で記される文書なのです。

私がかつて奉職していたKGKは、お茶の水の土地建物の所有権に関して、その法的所有者と一九六四年に「協定書」を結び、そこに当時の理事たちが署名をしている文書がありました。そこには、「キリスト者学生会（KGK）が法人化を望む場合には、土地所有者は、そのための法的条件を満たすために必要なすべての文書を、その能力の範囲に於いて、供することに同意する」と書かれていました。ＫＧＫはその文書を元に土地所有者と話し合いを重ね、土地建物の寄付を受け、宗教法人格を取得した経緯があります。一九六四年に結んだ協定書に記された一文が用いられたのですが、実行されたのは二〇〇三年でした。約四〇年の歳月を経て、その残された文書が結実していったのです。一九六四年の協定書に署名をした、当時の理事たちの多くは天に召された後でした。

現実に起こる教会の出来事の中で、何を残し、何を残さないかという判断をし、それを信仰に基づく人格と品性が保持される言葉で記し、悲しい出来事や残念な出来事をも記録します。しかし当事者を誹謗中傷するものではなく、品位を保ち、丁寧な言葉で神の国の建設のための言葉を残すという信仰が表されるように記録します。この教会文書を記すために、いわゆる文才は必要ありません。主の教会が、祝福のときだけでなく過ちに足を踏み入れてしまうときにも、教会の交わりが豊かにされ、互いに愛し合い仕え合う共同体として歩むために、言葉を書き残す奉仕に与ることを心に定めることだけが求められているのです。

文書に責任をもつということ

教会には週報や月報、教会や教団が送り出している宣教師の祈りのレター、役員会や総会の議案書や議事録などさまざまな文書があります。また宣教団体から多くの宣教報告・献金依頼書も届けられます。それぞれの文書には書き手と読み手がいます。その文書が発行され配布された時代だけではなく、後の時代にも読者が多くいることを心に留めて文書を書くことは大切なことです。教会の文書は時代を超えて読み継がれ、教会の歴史を刻みます。言葉にして残すことは写真のように客観的事実を残すことではありません。教会に起こった出来事を再現することが文書記録の目的ではなく、その出来事に福音の光を当てて見つめるとき、その事実の教会的意味は何か、何は記録として残し、何を残さないかを考えながら、言葉を紡ぎ上げていくのです。

教会の文書は読む人にも責任があります。それが教会の文書である限り、読むことで自分の信仰生活や、教会とその交わりを支えることが問われる姿勢で読みます。教会の報告で教会員のある方が困難に直面していることを知るとき、まずはその方のために祈り、助けや励ましのために何ができるかを考えることが第一歩となります。教会から送り出している宣教師の証しや宣教団体からの活動報告を読み、自分が集っている教会のことだけではなく全世界に起こっている主の働きに心を留め、祈り、献げることも読み手としての責任でしょう。

教会の年度最初に「今年のみ言葉」あるいは「今年の目標」などが記されることがあります。しかし、総会後ひと月も経つと、それらを忘れてしまう人もいるのではないでしょうか。教会で書かれた文書は一定の期間、手元に置き、心に留め、文書・言葉に対して教会員としてどのような責任を果たせるかを考えたいものです。

第二節　具体的な文書管理

週報

教会で最も多く発行される文書は、週報でしょう。週報には教会の営みが短い言葉で凝縮されています。私がKGKの主事をしている頃、いくつもの教会を訪問させていただき、牧師や教会員の方々と良いお交わりをさせていただきました。教会の牧師と初対面のときに名刺を交換することが一般的でしたが、いくつかの教会の牧師は名刺と共に週報をくださいました。そのとき、その先生方から牧師としてその教会に遣わされている責任と牧会の姿勢を分かち合っていただいたような厳粛な気持ちになったものでした。この教会に遣わされ、牧師としての使命に生きていることを主日ごとに言葉にして表している週報を見せてくださったという思いで受け止めたものです。

週報は教会によって記載事項はさまざまですが、共通しているのは礼拝プログラムでしょう。この礼拝プログラムによってその教会の様子を思い浮かべ、その教会で何が大切にされているかを感じたものでした。

牧師によるみ言葉の取り次ぎを「説教」と記すことが一般的ですが、ある教会では「宣教」と記しています。またその「説教」に関しても、牧師が語るときには「説教」、神学生や信徒が語るときには「奨励」と言葉を分けている教会もありますし、誰が語っても「説教」としている教会もあります。これも教会における「説教」の位置づけを考える上で大切な言葉の選択でしょう。

また礼拝順序も教会によって異なります。信仰告白に使徒信条を用いている教会もあれば、ニカイア信条を用いている教会もありますし、またその教団の信仰告白を用いている教会もあります。それぞれの教会の信仰告白に基づく礼拝を体現しているのです。

私の手許に一枚の古い週報のコピーがあります。日本の教会と礼拝の歴史を考えるのにとても考えさせられる週報です。それはある教会の一九三一年一二月一四日の週報です。礼拝順序を見ると、一番最初に「宮城遥拝」、その次に「君が代」、そして三番目に「皇軍将士の祈り」があり、四番目にようやく讃美歌が登場します。当時（一九三〇年代から一九四五年）、多くの日本の教会が教会のあり方を問われた時代でした。歴史を経て届く週報が私たちに「教会とは何か」「礼拝とは何か」、そして「教会は国家との関係をどのようを理解すべきか」という命題を問いかけ、心に刻むべきことを語りかけてくれるのです。この教会は一九九〇年に週報掲載の内容について悔い改めの告白へと導かれています。

またある教会の一〇〇年史には、一九四〇年代「教会設立の直接の原因は宗教団体法制定という外因によるものと考えられる」と、宗教団体法によって日本基督教団に組み込まれている歴史が記されています。しかしその教会設立日の週報は残っておらず、その週報の前後にも総会予告も報告もないことが記されていました。その他の主日礼拝の週報は記録に残っているのですが、その日の週報およびその日の出来事を報告する文章は、前後の週報にも記載されていないということです。

最初に紹介した「宮城遥拝」から始まる礼拝をしていた当時の状況から推し量ると、後者の教会はその日の週報を残さなかったというよりも、混乱や戸惑いの中で記録を残せなかったのかもしれません。前者の教会は記録を残したことで、それからおよそ六〇年という歳月を経て、教会としての悔い改めに導かれていったのです。これは一つの例にすぎませんが、週報がいかに教会の歴史に大切なものであり、後の時代への責任を果たすかということの例と言えるでしょう。

週報には礼拝プログラムの他に、教会員の消息や奉仕分担表などさまざまな教会の動向、他地域にある同教団の教会の動向など、さまざまな情報が記されることがあります。主日礼拝で受け取る週報を聖書の傍らに置き、日々聖書を読むときに、週報にも目を向け、教会員の消息を覚えて祈ることもまた週報の用い方なのです。

私の集っている教会では週報の裏面に牧師のコラムが記されている時期があり、それを毎週楽しみにしていました。そのコラムには教会内の出来事に留まらず、日常生活の風景の中に根を下ろす信仰者の姿、ときに社会や政治に対する姿勢など、キリスト者として考えるべきヒントがありました。週報の裏面には礼拝から遣わされていく私たちの日常への橋渡しのようなコラムがあったことは、心に響くものでした。

週報という小さな紙に記された言葉の数々に教会の歴史、礼拝に対する姿勢、教会の交わりと祈り、奉仕、そして日常生活への導きの一つひとつが込められ、週報を手にした数だけ私たちの信仰は教会の交わりと遣わされた場所でのキリスト者の使命に生きるという実感をもったものでした。

主日ごとに教会で配布される週報の読み手として、記されている内容を読み解き、一週間を過ごしたいものです。教会の文書は教会の出来事を言葉にする奉仕です。その言葉は記録に残すだけではなく、その記録・文書を読み解くことも尊い教会の奉仕なのです。それは説教が語られるだけでなく、聴聞者が信仰をもって応答することと同様です。記された言葉を心を込めて読むことを通して教会の出来事を心に覚え、教会のために祈り、仕える者に変えられていくのです。それは一週間の出来事への感謝や祈りの課題を受け取ることにもなり、前述の週報のように過ちの歴史と悔い改めを生み出すことにもなります。教会の文書は書いた者と読み解く者が時と場所を超えて出会い、そこに交わりが生まれ、信仰の歩みが積み重ねられていくのです。

役員会議案書

教会員全員が読むことはありませんが、教会にとって大切な記録として役員会の文書があります。この役員会の記録をどのように書き、読み、残していくかも重要な課題です。私は複数の宣教団体の理事をしていますが、就任時には過去の議事録を読ませていただくことにしています。そこには過去の理事会の苦悩、祝福、決断、試練が記されていることが多く、その一つひとつの歴史を引き受けて理事の奉仕に与ることを心に刻むためです。同時に、その記録の残し方には団体や教会によって大きな違いがあり、何を言葉で残すかについても考えさせられます。

役員会は議案書が重要な役割を占めます。役員会のテーブルにつく時点で、今回の役員会にはどのような議案があり、何を基準に考えればよいのか、その上で何を決断し、どのような責任を負うのかを考える議案書になっているか否かによって、その日の役員会が決まると言っても過言ではないでしょう。役員会議案書は、祈りつつ心を込め十分な思慮をもって用意する価値のあるものです。

多くの場合、議案書は「報告」と「審議」に分かれます。役員会にて報告すべきこと、牧師に個人的に相談するべきこと、さらに役員会ではなく教会の各部会で話し合うべきものなどを事前に確認し、役員会で議することのみを掲載した議案書にしておく準備が必要です。

議案書の作成時点で、報告事項や審議事項を絞り込みます。役員は、その教会の手続きによって選出された方によって構成されますが、その人生の背景も役員会のために用いることのできる時間も異なります。会議に慣れている方もいれば、そうでない方もいます。だからこそ丁寧に記された議案書を事前に配り、事前に読み、会議が始まるときにはその報告と議案を心で覚えて祈りつつ役員会の椅子に座ることができるようにしておくことが大切なのです。

役員会議事録

(1) 会議録

役員会で話される内容は多岐にわたり、教会員や関係者の個人の尊厳に関わる内容もときに祈りと愛の配慮をもって話し合われます。教会にとっては大切な内容として記録に残すべきでありながら、議事録という形で他の会員には分かち合うべきではない内容もあります。そのため「会議録」

として、審議内容と意見を記録し、議事録とは別に保管しておくことは知恵のあるやり方でしょう。意見の相違や、難しい判断に至るプロセスでどのような意見があり、苦渋の選択であったことや、どのような反対意見があったかなどを丁寧に残しておくことは、後の時代に教会の直面する試練に対し価値をもちます。

また教会員の個人的な人生の出来事について、公表すべきではなくとも記録に残しておいたほうが良いこともあります。もちろん、記録にさえ残してはならないこともあり、そこは牧会者の判断に委ねられます。会議録は内容的にも多くの人が読むものにはなりえませんので、役員だけが読むもとして位置づけるか、牧師や伝道師のみが読み、牧師交代のときの大切な引き継ぎ書とするかなど工夫も必要です。

日本の教会では意見の対立などについては、記録に残さないことが多いようです。私自身、役員会に出席し、かなり意見がぶつかり合ったにもかかわらず、「活発な議論がなされ」という表現にとどまり、そのプロセスが記録に残らないことがありました。何が焦点になり、何が問われたかを記録に残すことは、大変難しいことではありますが、知恵を尽くして記録に残すことが必要です。

(2) 議事録

会議録と異なり、議事録は基本的に公開を原則として書かれ、会議録に記されているプライバシーに関することや激しい意見の対立などの記録は避けつつも、何が議され、どのような判断で結論に至ったのかについて簡潔な言葉で記しておくことが必要です。会議録と議事録の性質が混在し、出された意見をすべて記録し、いったい何をどのような手順で決めたのか分かりにくい議事録を読むこともあります。会議録は発言順に記録するものですが、会議は必ずしも論理的に議論が積み上がるわけではなく、いろいろな意見が無秩序に飛び交うことがあります。議事録ではその内容と結論に至るプロセスを整理して記録に残し、会議録と議事録を賢く書き分ける知恵も必要です。

また、議事録には出席者と陪席者をしっかり分けて記述し、会議は何時から始まり何時で終了したのかを残します。特に会議の途中入退席した方がいた場合はその時間も記し、例えば第三号議案の前に退席した役員がいたので定足数が変更になったことなども議事録に記します。教会の規約によって定足数も異なりますし、通常議案は過半議決ですが特別な議案においては四分の三以上の議決が必要となるなど、議決のためには定足数と議決人数が定められています。その議決に必要な賛成数の判定のため、出席者の人数は大切な記録です。途中退席後の議案については欠席とするのか、あるいは委任状や議決権行使書を残して退席したことを記録するのかなど、細かいようですが、しっかりとした議事進行および議事録を残すことが、後に教会を守ることにもなります。定足数や委任状もしくは議決権行使書の有無などの確認をしたことを議事録に残しておき、後で議決無効という主張がなされないようにしっかり対応できるようにします。

特に教会の財産についての議決のとき、賛成者と反対者の氏名も記録をします。財産に関する決議は後に損害賠償などの責務を負うリスクもあります。そのとき、明確に反対し議事録に記載された役員は、その負の責任を負うことから免除される場合もあるからです。賛成と反対の意見表明をし、責任を取る姿勢を示しておくことは、私たち日本の文化で抵抗感があるでしょう。何か問題が発覚したとき、「あのときは反対できる状況ではなかった」ということを聞くことがあります。意見が異なることと交わりが崩壊することは別なことであるはずですが、現実には大変難しいことです。しかし、このようなときに役員会や教会の交わりが問われていくのです。

教会役員会議事録と宗教法人責任役員会議事録

単位宗教法人格をもっている教会は、教会役員会議事録と宗教法人責任役員会議事録について、注意深く残す必要があります。利害関係人からの議事録閲覧請求があったときには、宗教法人責任役員会議事録を開示することとします。

教会役員会で議することは教会の営み全般ですが、宗教法人責任役員会の議案は財産管理に関することのみです。教会役員会では求道者の洗礼準備クラスのことや、教会員の病など、信仰と教会員の歩みに関するさまざまなことが話されるとともに、教会の財産管理、教会建設や土地の売買などの議案も扱われます。宗教法人責任役員会においては財産管理のみを扱う議事録を用意し、法人備付書類として保管しておきます。

教会役員と宗教法人責任役員が同一の場合は、教会役員会の議事録から財産管理議案のみを抜き出すかたちで宗教法人責任役員会議事録を残します。行政に提出する場合の議事録は、この宗教法人責任役員会議事録です。この二つを同一視した役員会が形成され数年も経つと、その両者の区別なく会議をしていた「事実」が固定化し、宗教法人責任役員が教会の牧会上のさまざまなことを司る役員会となり、宗教法人法下にある教会にいつのまにか移行してしまうことも起こります。

この教会役員会と法人責任役員会との責任分担は、一旦混乱すると整理が難しくなります。法律の手続きの専門家であっても宗教法人の特殊性を理解していない現実を何度も目にしてきました。議事録が歴史に対して責任をもつためにも、教会役員会議事録と宗教法人法に基づく責任役員会議事録とを峻別し、この世の法令と教会の立ち位置との理解を深めることが、地に立つ教会としての責任を果たし、結果として「教会と国家」という神学的思考と実践との関係にもつながっていくことになります。

例として、教会役員会と宗教法人責任役員会のメンバーが同じ場合の会議構成と議事録案について考えてみます。ここでは先ほど述べた定足数などの細かい記述は省き、議案の構成についてのみ言及します。

教会役員会で左記項目が話された場合、牧師報告の内容、受洗志願者の試問、教会学校教師会は教会の信仰に関わることですので教会役員会議事録には当然記されます。さらに秋の伝道集会の講師の件についても誰を講師にお招きするかは信仰の事柄です。ただし、考え方によってはそのために発生する謝礼が財産管理に関わるので宗教法人責任役員会に関わることだと考える場合もあります。このあたりは明確な境目を見出すことは難しく、それぞれの判断が問われるところでしょう。

〇〇年〇月〇日役員会議事録

教会役員会	宗教法人責任役員会
牧師報告 　説教計画のこと 　洗礼準備クラスのこと 　病気の方の訪問のこと 教会学校教師研修会	記述なし
洗礼者試問の件	記述なし
秋の特別伝道集会の講師の件	講師の謝礼について記述する可能性あり？ →判断の分かれるところ
会堂補修の件	会堂補修の件
牧師館購入の件	牧師館購入の件

それに対し会堂補修や牧師館購入などについては、財産管理の案件ですから教会役員会で話されると同時に、宗教法人責任役員会での議事録に残す必要があります。教会役員会の議事録には結論に至るプロセスを記載することが大切ですが、宗教法人責任役員会議事録には結論のみを記載することで十分です。

また、教会の不動産名義が同じ教団の他教会名義であったり、包括法人名義である場合の文書管理と確認事項は非常に重要です。「私たちの教会の不動産名義は教団名義なので、決算書を教団に提出するだけです。後は何もしていないのです」と聞くことがあります。これは実務的には事実であり、その教会の不動産は他者名義であるため、財産管理についての宗教法人事務手続きをしなくてすんでいます。

しかし不動産名義人に提出した書類は、その相手が宗教法人上の行政手続きを適切に行っているか確認しなくてよいでしょうか。名義は他者でも実質的には個別の教会として歩んでいる場合は、やはり教会の財産管理に関しての主体は各個教会にあるはずです。しかし教団名義である以上、理屈としてはその教会に相談せずに土地建物を売却したり、抵当権をつけることも可能です。あるいは教団は届出の必要な行政手続きを怠っているかもしれません。同じ教団内であり教団理事も知り合いなのでそんな心配は不要という言葉が返ってきそうですが、提出した書類の先にある行政手続きについて確認することは、教会財産を守るための大切な作業です。多くの財産上の問題が発覚したときに聞くのは、「信頼しているから大丈夫だと思っていた」ということです。教会の事務管理運営の視点から言うと、それは信頼の問題ではなく責任の問題として理解すべきであり、自分の教会が提出した書類の手続が完了したかを確認するまでが教会の責任であり、監事の責任範囲と言えるでしょう。

監査報告書

監査報告書の扱いは教会や団体によってさまざまです。監査報告書がすでに印刷され、監査終了後に「ここに署名捺印をお願いします」とサインをするだけの監査報告書や、監事が監査報告書を作成することもあります。さらに総会に提出する「監査報告書」だけではなく別途、役員会に提出する「監査意見書」を書く場合もあります。

ある団体で監査に就任したとき、こんな経験をしました。私はその団体の監事に就任したのが決算期直前で、就任後初めての奉仕が会計監査でした。監査業務終了後、「毎年同じ文面なので」と監査報告書に署名捺印をするように依頼されたのですが、その監査報告書の文面には「理事会にも陪席し意見を述べ」という一文が入っていました。私はその時が初めての会計監査という監事の奉仕で、一度も理事会に陪席したことがありませんでしたので、その部分は削除し、監査報告書に署名したことがあります。一見小さなことですが、監事が責任をもって監査報告書を出すということは、その監査報告書に責任をもつことなので、基本的には監査報告書は自分で書くことを心掛けています。教会はその時その時に誠実に生きた言葉を残したいものです。

第三節　約束事の文書

契約書・覚書など

週報や議事録またさまざまなレターなどは教会で意識しやすい文書ですが、教会の事務管理運営という視点では、もう一つの大切な分野があります。それは教会が外部と交わす「契約書」「銀行口座名義」、そして教会内外での約束事を記した「覚書」などです。

契約書を例にとってみましょう。途中から宗教法人格を取得した教会は特に注意する必要があります。法人格取得後に契約書の名義を法人名義に変更したでしょうか。法人格取得をしたことでホッとしてしまい、契約書は契約時のまま、つまり法人格取得前の牧師や役員の個人名義のままということが多くあります。コピー機のリース契約から始まり、水道光熱費関係や電話の契約、賃貸借契約書などさまざまな契約の名義変更が必要です。

特に重要なのは通帳の名義変更です。今まで用いていた牧師個人の通帳は同じ口座番号のまま名義を変えることはできませんので、新しい「非課税通帳」を作ることになります。牧師個人名義であった通帳から引き落とされていたリース契約も変更しなくてなりません。このような名義管理をしっかりすることも、教会の財産管理として大切なことです。

また教会には「覚書」という名の文章もあります。法人格のない教会では人格なき社団として一時的に牧師が代表者として通帳や契約の名義人となるという覚書を交わすことがあります。宗教法人格取得後には名義人も役割は終了し、新たに代表役員が立てられます。名義人がそのまま代表役員になったとしても、その「覚書」は終了します。法人格取得後も通帳の名義を変更せず覚書を終了させなかった場合には、古い通帳と覚書が有効のまま新しい代表役員が立てられたような財産管理の責任者および名義人の二重構造が生じ、そのまま次の世代まで放っておいたために大きなトラブルになったケースもあります。

教会内の約束事については、それでも何とか解決へと導かれることがありますが、教会の隣地利用や第三者との約束事については慎重に文書を確認、保管する必要があります。例えば教会が奥まった場所にあり、隣地を通行させていただくと便利に大通りに出られるなどの利便性のために、隣地所有者に利用許可をいただくことがあります。また、近隣の土地を日曜日のみ善意で駐車場としてお借りするなどの覚書を交わすことがあります。覚書には有効期限一年で、更新の際には一か月前までにその継続の意思を確認することが記されているにもかかわらず、有効期限が過ぎて何年も経ってしまっていることがあります。

隣地の方も世代交代し、更新をしなかったために無効であるといきなり言われたり、有効期限が切れた時期にさかのぼって通行料や駐車料を請求されるケースもあります。法的に争えば必ずしも教会だけに落ち度があるわけでない場合でも、隣地所有者との良い関係を築くことは難しく、教会は約束を大切にしない不誠実な人たちという印象を与えてしまいます。

また教会員や教会関係者の土地を教会のために一定期間、無償で使用させていただく使用貸借の覚書を結ぶこともあります。この契約にも有効期限管理は必要ですが、ある教会でその使用貸借に一つの条件が付いていました。それは土地を無償使用する条件は、その土地を教会活動にしか使わないというものでした。数年後、宣教師が授業料を取る英会話学校を始めましたが、この英会話学校を「教会活動と理解するか否か」で教会側と土地所有者側で意見が分かれ、土地所有者側は使用貸借の覚書違反であるとし、教会活動以外で用いるなら地代を支払ってほしいということになってしまいました。教会側は、教会が主催することであるなら無償だと思っていたのですが、有料での英会話教室を収益事業と理解するか宣教活動と理解するかの覚書の読み解きができていませんでした。そもそも、英会話教室を始める時点で「覚書」の存在を誰も覚えていなかったのです。つまり教会側にとっては忘れられた「覚書」だったのです。いいえ、正確に言うと使用貸借であるということは覚えていたのですが、その付帯条件を誰も覚えていなかったのです。「覚書」を丁寧に読み解き、土地所有者に事前に「この英会話学校では聖書を英語で教える宣教活動である」ことを伝え、無料の英会話学校にするなどの工夫も含めて、実際のクラスもそのように準備していれば、トラブルにならなかったケースとも言えます。わずかな注意を怠ることで、信頼関係が崩れてしまうことがあります。忠実な文書管理を心がけたいものです。

文書の有効性を保つために

教会が交わした契約書や覚書については一年に一度は総務担当役員や教会事務担当の方がすべてに目を通し、名称変更などの異動事項はないか、期限切れはないか、約束事の意図をしっかりと継承しているかなどを確認したいものです。

また契約書や覚書文書は、署名捺印する前に内容を精査しなくてはなりません。ある教会で会堂修繕のために工務店に工事を依頼し、その金額が五〇〇万円の見積として役員会で承認されました。その契約書は工事着手時に一括入金となっていたのです。大きな金額の工事の場合、一般的には工事開始時に着手金三分の一、工事期間に三分の一、工事完了時に残金を支払うことが多いようですし、資金力のある会社の場合は工事完了時に支払いということもあります。この教会では工事着手時に五〇〇万円全額を支払いましたが、その後、工事未着手のままその会社とは連絡が取れなくなり、支払った五〇〇万円は回収不能となってしまいました。

別の教会では中古の建物を教会堂として購入し、宗教法人認証の手続きを始めようとしたのですが、その建物の前オーナーが改築・増築を重ねた部分について登記をしておらず、さらに容積率においても違法建築となっていたために予算外の費用を充てて修繕が必要となり、法人認証が遠のいてしまったということもありました。事前に登記簿や図面を入手し、専門家に確認すれば分かったはずです。専門的な文書（契約書や図面など）は、一般の教会員には理解できないことも多くありますが、「これは専門家に見てもらったほうが良いのではないか」と、センサーを働かせることも教会の事務管理運営の実際と言えるでしょう。

またある教会では、土地を借りて教会堂を建てていました。契約書に、教会は地代を支払うと共に、別途固定資産税を負担することが記されていました。納税通知書は土地所有者に届きますので、お金の流れとしては土地所有者に地代と共に固定資産税相当分をお渡しし、土地所有者が固定資産税を支払うと教会側は理解していました。しかし後に分かったことは、当初から土地所有者は固定資産税を支払っていなかったのです。お金の流れについては文書化していませんでしたので、固定資産税は教会が直接払うとも読める文書になっていたのでトラブルになったケースがありました。

前者の例は、一般的な商慣行の現実を知らず、業者選定も不適切なまま結んでしまった契約のために損失を出してしまったケースで、文書を交わすときの知恵と経験値が不足していたことが原因です。後者のケースでは固定資産税は支払っているはずということから、確認しないままに数年が過ぎてしまったことがトラブルの原因でした。後者のケースの場合には、実質的にその土地の利用者が名義人に代わって固定資産税を支払うという内容の覚書ですから、教会が土地所有者に相当分を支払った後、その土地所有者に納税通知書のコピーをいただくか、実際に納税通知書を教会が預かり、教会が固定資産税を支払い、領収書を土地所有者に渡すことでトラブルを回避することができたはずです。

この種のトラブルの場合、後から聞くことは「あの覚書は、知り合いの弁護士さんに書いてもらったものなんです」とか、「教会員で会社の法務部に勤めている人に書いてもらったんです」と、契約の主体者である教会の牧師や役員はその覚書の内容については理解せずに「丸投げ」していることが多くあります。詳細な内容については専門家の知恵を借りるにしても、覚書を交わす以上、その約束事の主体である責任者が内容を理解しておくことは大切です。

まとめ

教会の営みの中で記され、残され、教会の歩みを支える文書管理には大きく分けて二種類のものがあることを述べてきました。

第一の文書群は週報や月報、教会のさまざまな会議の議事録など、言葉を慎重に選び記される教会の「いのち」に関わる文書です。その記された文書は後の世代が読み解き、教会の営みを継承していきます。

第二は契約書・名義・覚書など教会の外部と交わす文書、教会内外・教団との約束事などを記した覚書や協定書です。この第二の文書群に関しても心して整えていくことが教会を思わぬ危機から守ることになります。特に名義の確認などは忘れられがちですし、覚書などもそれを結んだ当初あるいは当人たちにとっては明確なルールであっても、解釈に幅をもたらす文書であったり、また法令上の解釈は当事者の意図とは異なる可能性もあります。「そんな覚書があることは知らなかった」ということが、後の世代に起こることも珍しくありません。教会名で署名捺印した文書については、やはり教会が責任をもって管理し、その文書の意図を常に確認し、法令が変わったことで修正が必要な場合には対応できる体制を築いておきます。

教会が記した文書群、他者と交わした文書、記された過去の記録などを教会の歴史の中で受け取り、書き残す責任と読み解く責任を果たすことで成熟した教会への歩みに導かれ、後の世代に継承していくことが神の国の建設に仕えることであると心に刻みたいものです。

注

（1）『大日本帝国憲法』（以下帝国憲法と略す）第二八条「日本臣民ハ安寧秩序ヲ妨ケス及臣民タルノ義務ニ背カサル限ニ於テ信教ノ自由ヲ有ス」と、条件付きの信教の自由であり、後に神社参拝を拒否する者は安寧秩序を妨げる者だとされ、国家神道の下にすべての宗教が置かれるようになった。

第六章　役員としての奉仕

第一節　役員の資質

役員としての基本

教会役員としての奉仕に与ることとは、キリストの体なる教会が困難や苦悩に直面しつつも福音を宣言し、信仰の決心の場に立ち会い、信仰の継承に心を注ぎ、教会がこの地において責任を果たす祝福と喜びに満ちたものです。その祝福と喜びとは、困難の中で主に信頼して歩むときに見える教会の風景です。喜ばしい奉仕でもありつつ、人間の罪の姿に直面し悲しみに耐えなくてはならないこともあります。その現実を受け止め、知恵と忍耐を尽くして教会に仕えることが役員に求められています。

役員について教えられている聖書箇所として開かれるのが多いのが、テモテへの手紙第一、三章一―七節ではないでしょうか。「もしだれかが監督の職に就きたいと思うなら、それは立派な働きを求めることである。ですから監督は、非難されるところがなく、一人の妻の夫であり、自分を制し、慎み深く、礼儀正しく、よくもてなし、教える能力があり、酒飲みでなく、乱暴でなく、柔和であり、争わず、金銭に無欲で、自分の家庭をよく治め、十分な威厳をもって子どもを従わせている人でなければなりません。自分自身の家庭を治めることを知らない人が、どうして神の教会を世話することができるでしょうか。また信者になったばかりの人であってはいけません。高慢になって、悪魔と同じさばきを受けることにならないようにするためです。また、教会の外の人々にも評判の良い人でなければなりません。嘲られて、罠におちいらないようにするためです」。

役員に求められる資質の高さに身のすくむような思いもしますが、聖書が語っている以上、この言葉を真正面から受け止め、祈り、歩むことを志し、教会に仕えていくことが役員に選出された者の責任でしょう。聖書の教えに生きるように心から祈りつつ、同時に自らの罪が示され、悔い改める者として歩むことが役員としての生き方の基本です。

役員として歩むにあたり、教会生活を整えることは大切なことです。本来は教会生活が整えられている人が役員に選出されるという順序とも言えます。教会・教団・教派での役員の指針を読むと、役員の教会生活に関する勧めが記されています。礼拝出席はもちろん、祈禱会をはじめとする諸集会への出席、奉仕の姿勢や教会員への心配り、家庭生活においてもキリスト者としてふさわしい生活を送り、家庭を治め、子どもたちをよく教育していることも役員としての資質として記されています。役員として教会員の模範となる生き方への勧めであり、それは聖書が語ることでもあります。

教会における模範ということを考えさせられるエピソードをご紹介します。私が学生宣教の働きをしていた頃、学生たちと聖書の学びと祈り会の他に、年に数回テーマ別の学び会をしていました。

学生の関心の高いテーマは「就職」「恋愛・結婚」、それは人生の選択を控えた学生たちにとって大切なテーマです。一般の就職活動の指南ではなく、キリスト教的職業観や信仰による決断について聖書から学び、「恋愛・結婚」に関しては、聖書が語る結婚とは何か、家庭生活とは何か、信仰の継承とは何かということを学びました。

学生たちと学び、語り合い、祈りの時を共にしたのち、「このようなテーマは、皆さんの教会に人生の先輩たちがたくさんいるだろうから、教会員で社会人の方々、既婚者の方々との交わりを通して、その実際について教えてもらうことも大切だよ」と話したところ、複数の学生から次のような答えが返ってきました。異口同音に「教会には模範になる人はいないんですよ」と。学生・若者たちからの大きな課題を突きつけられたような思いになりました。

「模範になる人はいない」とは、教会で社会人の大人がいないということを意味しません。既婚者がいないということも意味しません。ましてや熱心で忠実な教会員がいないということも意味しないのです。その学生たちの教会には、奉仕に熱心で忠実な方々もいますし、よく家庭を治め、教会員として忠実な方々もいるのです。にもかかわらず、学生たちが「模範になる人がいない」と言った真意は、教会生活に熱心な方々であっても、「信仰は信仰、仕事は仕事。社会では信仰と祈りだけではやっていけないんだよ」と、割り切って仕事に取り組み、休日である日曜日に忠実な教会員として歩んでいる大人しかいないように見えているということなのです。

家庭を治めると言っても、親たちは子どもたちには有名な学校に入ることを求め、一般の親と何も変わらないのではないか、と彼らには思えてしまうのです。この学生たちの言葉をもって、教会に模範、あるいは青年たちが憧れるような大人がいないと決めつけることはできませんが、学生たちつまり多くの若い人々が「そのように感じている」事実を、教会は受け止めなくてはならないでしょう。

役員として教会内における奉仕を忠実にする、集会に熱心に出席するというだけでは、模範を示すことになりえないことを、彼らの言葉に耳を傾けることを通して、心に刻みたいのです。真に問われているのは日々の生活をキリスト教の価値観に基づいて歩み、人生の決断をしているかということであり、その価値観に生きることが次世代の「模範」になっていくのです。この「模範」は、別の言葉で言えば学生や青年たちにとって、人生の先輩として「憧れる」ような大人ということでしょう。教会の次世代育成のための重要な鍵でもあります。

教会的なものの見方を身につける

教会での奉仕の忠実さ、あるいは目に見える部分での熱心さではなく、日頃の言葉遣いや人格からキリスト教的な価値観が溢れていることが、役員としての「模範」の第一歩になります。前出の学生たちの言葉を翻訳すれば、「教会の大人たちは熱心に奉仕をしているし、人柄は素晴らしいのだけれど、いざ就職や仕事の話になると、その部分ではこの世の価値観や常識によって生きていることが、伝わってしまう」ということなのです。つまり自分のこの世における人生観を変えずに、信仰を心の内面の平安に留めてしまっていることが伝わり、福音理解の狭さが問われているのです。

役員にとって大切な奉仕は、語られる説教を聴き、牧師を支え、教会のために重要な決断し、その決断については言葉を整えて教会員に説明することです。一つの決断に相反する意見が織りなす教会内を見渡しながら、主のみ心は何かを祈り求め、牧師の判断を尊重しつつ、教会に仕えることです。

決断のときに問われるのが信仰に基づく価値基準です。決断するとき、考えるべきことが二つあります。一つは価値基準がキリスト教的世界観に則っているかということ、もう一つは人間関係や常識などを重視して決断が鈍っていないかということです。教会的な決断を下すために、役員は聖書と教理を学び続けることが大切です。

信仰に基づく価値基準をもっていなければ理解できないものとして「戒規」があります。教会員が罪に陥り、その指摘を受けてもその罪から離れない場合、戒規を執行します。戒規には戒告（訓告）、陪餐停止、除名などがあります。戒規は教会の秩序と清潔の保持のため、信仰者を他の罪の影響から守るため、また悔い改めを通して再び魂を得るためと言われています。

私も役員として戒規執行の決議に加わったことがありましたが、役員経験の中で最も苦しい決断でした。当時の役員会でカルヴァンの『キリスト教綱要』から戒規について学び、戒規執行の決断をしました。

しかし教会内では「誰も罪を犯さない人はいないのだから、責める資格はない」「赦し合うのが教会であり、戒規執行は愛がない」という意見もあり、教会的なものの見方を学ばなければ戒規が信仰の回復へ大切なプロセスだという理解に至ることはできません。いわゆる常識や博愛主義では理解することのできないものだからです。

戒規には戒告、陪餐停止、除名の三種類があると述べましたが、ある教団では牧師の戒規については戒告、停職、免職、除名の四種類の規定をもっています。牧師が教団の任命制である場合には、教団が任免権をもち牧師の戒規執行をしますが、各個教会主義に基づき牧師を招聘した場合は、牧師の戒規もまた役員会が決議することになります。本書では牧師の戒規を十分に論じることはできませんが、役員会にはそれほどの大切な教会の決議が委ねられていることを心に留めておく必要があるでしょう。

また、役員会では洗礼希望者の試問をします。牧師と洗礼準備会をした後の試問会が多いでしょうから、判断に迷うことは少ないかもしれませんが、それでも洗礼希望者への試問会では真剣に洗礼希望者の証しをうかがい、信仰の確認をします。試問会でいくつかの疑問点があっても、「小さい頃から知っているから」という理由でその証しを受け入れたり、未信者の親が反対しているから洗礼を待ったほうがいいのではないかとアドバイスをしたり、洗礼希望者の証し以外の要素で判断が揺るぐことなく、真剣にその魂から溢れてくる言葉に向かい合います。

また、役員会で「世の中ではそんな甘い判断はしない」「社会では……」「会社では……」ということが判断基準に影響することがあります。教会はこの世界に立てられているので、社会と無関係な存在ではありませんが、「世の中もそうしているのだから」ということで決定していくのではなく、教会としてのふさわしい判断だからという理由で決断をしていきます。人々の気持ちを大切にする教会の人間関係の中で一つの決断をするということは、平易な言葉で言えば「あちらを立てれば、こちらが立たない」ということが多くあり、また誰かを傷つけてしまうのではないかという思いに苛まれてしまうこともあります。しかし、教会として最も大切にすべきは何かということを基準に決断していきます。

牧会的なものの見方を身につける

同時に、正論だけでは教会が建て上がらないという現実もあります。まず何よりも正論を主張する私たちが罪人であることを謙遜に受け止めることが必要です。あまり本質的でない細かいことにまで「正論」を主張しすぎては、会議や話し合いが頓挫してしまいます。役員会の提案について、教会員の方々の理解を深めることができるように丁寧に説明し、決定までに時間をかけることもあります。正しいことや教会としてのふさわしい方向性を示しつつも、教会として決議するまでに時間をかけたり、反対の意見に耳を傾ける期間をもつことも大切なことでしょう。神様のみ心の時に、教会にとってふさわしい歩みが訪れるという信頼をもつことも役員には問われています。

教会の事務管理運営という面では、この書で取り上げてきた宗教法人法の点で多くの教会や教会員は異なった理解をしていることが多いようです。宗教法人法は教会の財産管理だけを扱う法であるということを理解している教会・教団は少なく、また許認可制だと考えている教会も多くあります。すでに宗教法人認証を受けている教会であっても、法人規則しか持っていない教会や、法人運営と教会形成を混同している教会も少なくありません。そのとき、「宗教法人法理解が間違っている」と大上段から意見を述べても、拒否反応だけが浮き彫りになってしまいます。

さらに教会的なものの見方という点で二つの例から考えてみます。一つは、教会においてこの世で起こっている出来事に対する見解を述べようとすると、「教会に政治やこの世の出来事をもち込まないでほしい」と拒否反応が起こることがあります。教会がこの世のことを考え発言することも教会の責任であり、信仰を真剣に貫くとき結果として政治に関わる内容に重なることもありうることを役員は理解しておくことが必要です。

もう一つの例は、ある教会で牧師と教会員の意見が分かれたときのことです。何度も話し合いを重ねたのですが、その状態を収拾することができず、十分な検証をせずに「役員は牧師の側につくべき」という見解を保持し、牧師と異なる意見を述べることは神様に反抗することだという意見が役員会で確認され、役員会と教会員の信頼関係が難しくなってしまったのです。そのとき、同じ教団の牧師が仲介に入り少しずつその案件は落ち着いた方向に進んだのですが、その仲介に立った牧師は、「役員が何も確認しないで牧師の側に立ち、異なる意見の教会員を責める側に立ってしまったということは、役員としての責任を果たせなかったということですね」と述べたことが心に残っています。役員は基本的には牧師を支えますが、ときに教会員の立場や考え方を牧師に伝え、教会としての収拾を図ることもまた大切な責務です。

言葉を整える

教会の決定に関わるということは、一部の教会員から理解されないことや、反対意見の人から厳しいことを言われることもあります。役員会の決定を貫こうとするために言葉がきつくなったり、言葉が荒れてしまうことも残念ながら起こりえます。

例えば教会でパイプオルガンを導入しようとするとき、「豊かな賛美のためにパイプオルガンを入れたい」という意見もありますし、「そんな高価なものを購入するなら地方にある同じ教団の教会に献金するほうが良い」という意見に分かれることもあります。また会堂建築をするとき、障碍者の方のためのエレベーターを設置することに多くの人々が賛成だと思いますが、予算の関係でそれができないと説明すると、「役員会と会堂建築委員会は愛がない」と非難を受けたりもします。熱心に説明をするとき、つい気持ちが入りすぎてきつい表現になり、言葉の用い方を誤ってしまうと、「たとえ正しことを言っても、あんな言い方をしなくてもいいのに……」と、さらなる拒否反応を受けてしまうことも起こってしまいます。

そのため一つの決議を教会の総会などで説明するときには丁寧な説明が必要であり、言葉も整えておくことが求められます。特に教会総会などで役員会の決断に対して厳しい意見が出るときの対応が重要です。教会総会などでは、役員会では気がつかなかった部分の指摘を受けることもありますので、感謝しつつ丁寧な対応が必要でしょう。

教会の会議で役員の提案事項に対して、会員から異なる意見が出たとき「そのようにミスリードする意見を言わないでほしい」あるいは「そんなのは詭弁だ」と、出された意見を一蹴する対応をした方がいました。そのときには議場は静かになってしまったのですが、議論を交わすことがなくなってしまい、その後の交わりも少しギクシャクしてしまうものです。

教会の総会・役員会や宣教団体の理事会では、「声の大きい人」「言葉遣いの粗い人」が話し始めると、「争いたくない」また「面倒臭いことに巻き込まれたくない」ため、会衆は静かになってしまうことがあります。しかし、役員はそのようなときこそ、整えられた言葉でその会議の質を貶めないようにしなくてなりません。言葉を整えるとはキリストのしもべとして、主の権威以外には動じない生き方を整え、静かに威厳をもって発言することです。たとえ当局に逮捕され、宣べ伝えてはならないと言われても「人に従うより、神に従うべきです」（使徒五・二九）と答えることができるようになった弟子たちのように、教会が揺さぶられるとき、確信を語るのが役員の責務です。

礼拝出席を忠実にし、奉仕をし、教会にもたらされる難しい状況に対して言葉を整えて真正面から受け止め、しっかりとした判断をすることが役員には求められます。

ある教会で牧師の謝儀を巡っての教会員の心無い発言があり、その翌週の役員会で、牧師が「その日は夜眠れなかった」ということを話したことがありました。意見の相違を超えて、ときに人格攻撃やあるいは品性が貶められるような言葉遣いが飛び交うことがあります。活発な意見やときには厳しい意見のやり取りを認めつつも、キリストの体なる教会である以上、整えられた言葉をもって意見を交わすべきであることを会衆に向かって語ることは、役員としての大切な役割です。

第二節　説教の聴き手として歩む

「語られた言葉は神の言葉か」を問う

役員として最も大切で難しい奉仕は「説教として語られた言葉が神の言葉として語られたかを問う」ということです。語られた説教は、聖書を説き明かし今日の教会（自分たちの群れ）に語られる生きた神の言葉であったかと問い続け、その問いに生きることが役員としての重要な奉仕です。教会は語られた神の言葉によって形成され、聴く人の人生が整えられるからです。

この「問う」という奉仕は、語られた言葉に聴き従うという姿勢を大前提にしないと簡単に崩れてしまう奉仕です。「問う」とはその日の説教の感想を他者に語るということでも、説教を評価することでもありません。今日は何が語りかけられたのか、何がその応答なのか、語られた説教は教会にとってどのような意味があるのか、その「問い」を重ねていくとき、何をもって「神の言葉」としているかという信仰への「問い」が生まれてくるのです。

説教が神の言葉であると思えないときにさえ、なぜそのように思えないかを自らに問うていくときに初めて気がつく自分の信仰の課題を見出していきます。

その「問い」を牧師と分かち合うことは決して簡単なことではありませんが、語られた言葉に応答し、牧師と共に言葉によって群れを形成することは役員としての大切な姿勢です。語られた言葉について理解の及ばないときには、なぜ牧師がそのように語られたのかを丁寧に尋ねることも大切です。真剣にみ言葉に向かい合っているがゆえの説教への問いであれば、牧師との豊かな交わりになると信じています。しかし、そのような行為は、神様が立てた牧師に逆らうことだという認識を教会員が持つこともあり、難しい面があります。語られた言葉に対する応答が、「逆らうこと」に擦り変わってしまうところには、問う側の信仰と人格の未熟さがあることを素直に認めつつも、そこに教会の課題もあるのです。語られたことに真剣にならない聴き手では、役員として質の良い奉仕ができません。

教会はみ言葉を語ることを召しとして受け止め、学びと研鑽を積み上げながら歩んでいる牧師を支えます。同時に、聴き手もまた聴き従うことによってキリストに人生を献げます。教会役員は聴き手としての模範を示すこと、そして教会を真に建て上げることに招かれているのです。

説教の翻訳者となる

説教を真剣に聴き、問いを深めることを繰り返していくと、説教の中心的な内容を理解できるようになっていきます。教会員の中にはときどき、語られた説教に反発して「今日の説教は、私に当てつけた説教だったのでは?」と言って落ち込んだり、説教の批判をする人が起こります。しかし、語られた説教の真剣な聴聞を繰り返していれば、牧師が特定の人を中傷するために聖書の言葉を用いることなどありえないことも、理解できるようになります。

説教批判はすぐに牧師の耳に届くのではなく、信徒の間で小さな不満として広がっていくことが多く、牧師の耳に届く頃には小さな問題ではなくなっていることもあります。そのような批判を耳にしたとき、牧師に「○○さんが、こんなことを言っています」と告げ知らせるようなことを安易にするのではなく、役員が真剣な説教の聴き手として、「あの説教は、あなたへの当てつけのような説教ではないはず。あの説教で語っていたのはこういうことなのだと思いますよ……」と、説教の翻訳者となることは役員の責任の一端でもあるでしょう。

また説教を自分の都合の良いように聴き、自分の人生に適用しようとしている教会員に対しては、それは説教を歪めて聴いているのであって、あの説教の本質はそのようなことではない、と伝えることもできます。役員が真剣に説教を聴き続け、語られたことの「問い」を深め、牧師との対話も整っていくとき、教会員の誤解による説教の受け止めを交わりの中で修正し、説教者と会衆の溝が生じることを防ぐこともできます。その結果として、説教に対する期待感をもつ教会形成に仕えることができるのです。

役員が説教を介して牧師と真の交わりへと導かれ、その交わりが教会をみ言葉によって建て上げていくことにつながるとき、役員としての本質的な奉仕の一つに与ることができるのです。

聴いた通りに生きる者になる

説教を聴いた者の責任は、聴いた通りに生きることです。ときどき「説教ではああ語るけど、実社会ではそう簡単にはいかないんだよね」とか、「分かっているんだけど、難しいよね」という説教に対する応答を聞くことがあります。確かに語られる言葉の通りに生きること、従うことは、簡単なことではありません。いえ、罪人の力では不可能なことでもあります。だからこそ説教を律法として聴くのではなく、福音として聴くために「問い」の積み重ねが必要になるのです。

説教者は教会に対して神の言葉を語っているのですから、「分かっているけれども……」という譲歩する姿勢で受け止めることは、神の言葉を自分の気持ちや理性や可能性に基づいて取捨選択することになってしまいます。教会が説教によって形成されるためにも、聴いたことを自分の生き方としていくことこそ役員が教会に示すキリスト者の模範なのです。

聴いた通りに生きる、それはとてつもなく難しく、罪人の私たちには不可能です。だからこそ、語られた言葉を福音の言葉として受け止めて生きる人々にのみ見える人生の風景の中に生きること、そこに真の喜びがあるのです。

第三節　公同の教会に仕える

教団・教派のことを考える

教会に仕えると言うとき、それは自分の所属する教会だけではなく、同じ群れの教会、教団、教派に仕えることも含まれます。群れの教会全体をもって「一つの教会」と考える教会（群れ）もあれば、それぞれの教会が個別にキリストの教会として独立している教会の連合体と考える群れもあります。そしてその群れごとに決まりごとがあります。あるいはそのような決まりごとをもたないことを旨としている集まりもあります。その考え方によって、その群れの名称が「教団」であったり、「教会」「連合」「同盟」「集会」などとなっています。名称はその教会のあり方を表しています。

いずれにしても、その教会（群れ）のあり方の理解を深めることが、自分が属する教会に仕える前提となります。また教会（群れ）ごとの決まりごとを一般的には教憲教規と言うことが多いのですが、その教憲教規をしっかりと読み解くことは自分が所属する教会・教団・群れが何を大切にし、どのような信仰に立っているかを知ることになります。また同じ群れの他教会の歴史を知ることは役員としての視野を広げていくことになるでしょう。自分の教会・教団・群れの歴史と教憲教規の読書会を年に一度、役員会で読み合わせをしてみることをお勧めします。

牧師の外部奉仕を支える

牧師が他教会や超教派団体の奉仕に出かけることに積極的に理解を示すことは大切なことです。キリストの体なる教会は同じ教団だけではなく、同じ地域だけでもなく、日本全国そして全世界に広がっています。牧師が招きを受けて外部奉仕をすることは、教会が世界宣教にまで広がる働きであることを知る機会なのです。

牧師にはあまり外部奉仕をせずに自分の教会に集中してほしいと、外部奉仕は年に何日までという決めごとをする役員会もあります。しかし、外部奉仕は牧師が主から招かれた大切な奉仕の機会でもあり、地域教会がより広い宣教の働きに携わることのできる特権と恵みであると受け止め、積極的に送り出したいものです。

外部奉仕の謝礼の取り扱いについては誰も問わず、心のどこかで気になりつつ、そのままにしているというのが実情でしょう。ある教会では、外部奉仕謝礼は牧師個人が受け取るものとしています。またある教会では、外部奉仕の謝礼のうちの一定額を教会に納めるような約束事になっています。また他の教会では全額を教会の収入としています。どの約束事が良いということはありません。この分野であまり詳細に至る決まりごとを作ることが良いとも限りません。教会は牧師と雇用契約を結んでいるわけではないので、外部奉仕の時間や謝礼について教会側が関わることが良いことだとも思えません。私が役員として会計の奉仕をしているとき、牧師は外部奉仕の謝礼相当分を献金していましたが、それは教会員には知らされていませんでした。個人の献金ですから牧師がそれを口外することはありませんでしたし、会計役員も口外しません。いずれにしても牧師の外部奉仕については、信頼をもって送り出すことが役員としての務めでしょう。

第四節　キリスト者としての人生を整える

家庭生活の中で問われる信仰

役員になる者について、聖書は教会生活だけではなく家庭生活も問うています。テモテへの手紙第一、三章でも、教会の監督を務める者として家庭生活に言及しています。家庭生活はまさに信仰の姿を表すものだからです。

以前、ある家庭形成の学びをするキャンプで、ある若いご両親が「うちの子は教会学校で落ち着いて話を聞かなくて困っています」と講師に話したとき、その講師はしばらく考えた後、静かに微笑みながら、「一週間七日のうち、日曜日だけ静かに聖書の話に耳を傾けるのは難しいですよね。ご家庭ではいかがですか?」と問いかけました。その会話はそれで途切れてしまいましたが、その会話は私にとってとても心に残る会話となりました。

その講師の優しい問いかけは、平日の家庭でのみ言葉による養いの生活、親の生き方を通しての信仰の継承を心から願い、祈りの生活をしているかどうかが問われているのですよ、という講師の温かい眼差しと叱責だったのではないかと思い返しています。

職業生活の中で問われる信仰

日本のような異教社会において、キリスト者として生きることは難しいことです。仕事の難しさだけではなく、日本社会の文化、しきたり、縦社会の人間関係など一つひとつがキリスト教的世界観とかみ合わないことも多くあります。その難しさの中でキリスト者として社会生活を送るとき、「教会は教会、この世はこの世」と割り切って生きているか、苦しみながらもキリスト者としての生き方を貫こうとするかが問われます。そして、その生きにくさや葛藤の深さはやがて祈りの深さとなり、キリスト者としての人格の成熟に深く結びついてきます。

私たちが過ごす時間は圧倒的に職場が長く、職場の価値観から影響を受けやすいものです。「教会は教会、この世はこの世」と割り切って生きる生き方は、実はまったくの「この世」的生き方となり、教会では内面的な「心の休息」の時間を過ごすことにすり替わってしまいます。つまり、休息の日に教会という安心した交わりの場所で熱心に奉仕をする信仰の歩みのようになってしまうのです。また割り切る生き方とは、キリスト教的世界観はこの世では通用しないことを宣言していることにもなり、信仰生活の敗北です。その信仰の敗北を重ねながら、教会の受付や掃除やトラクト配布などを「休日に」一生懸命取り組んでも、それは「心の休息を過ごす教会においての良い行い」となってしまい、教会員そして特に若者に模範となるキリスト者としての歩みを示すことはできないでしょう。

常にこの地における葛藤に立ち向かい、祈りつつ過ごしているからこそ、その価値基準が信仰によって研ぎ澄まされていくのです。教会はこの地に建てられるのですから、この地での葛藤と祝福を知る役員が牧師を支え、牧師がみ言葉を取り次ぐ、そしてその語られた説教によって教会の営みが形成されていくとき、多くの教会員の心に役員の奉仕が届いていくのです。

市民生活の中で問われる信仰

また、キリスト者として人生を送るということは地域社会、ときに国家に対して神のみ心が行われるように見張っていく責任をもつということでもあります。地域社会の安全、学校でのいじめ、自然災害における被災地への支援、社会で繰り広げられる不平等、また基本的人権が守られていない現実社会、平和や安全保障に関する政府見解への意見表明など、身近なことからこの国の行方まで、神を主権者として生きることを心に刻み、地にある教会の使命と責任を考え、教会全体として考え祈る機会を提供することも、役員としての大切な使命です。牧師が社会の出来事に対して聖書を基として教会から発信することは、市民活動や政治活動に口を出すことではなく、教会が建てられた地域や社会に対して責任的に歩む大切な行為となるのです。

「牧師はこの世のことや政治のことに関わらないで、教会の働きに専念してほしい」という声が教会員から聞こえることがありますが、それもまた牧師の奉仕であることを、役員はしっかりと認識し、「社会に対して言葉を発信していくことも、牧師の働きであり教会の責任である」と、牧師と教会を支えることができるようになりたいものです。

第五節　奉仕を継承する

牧師の交代

個人的なことですが、私は一九歳のときに初めて教会に行き始めました。洗礼を受け、教会生活も二年が過ぎた頃、牧師が宣教師として海外に行くということで教会を辞することになり、一年間の無牧時代を経験したのち、後任牧師が立てられました。初めての教会生活でしたので、牧師が交代することなど考えたこともありませんでした。

しかし教会生活が長くなると、実は牧師の在任期間よりも信徒がその教会に集う期間の方が長いことを知るようになります。牧師が交代しても、信徒は同じ教会に出席し続けます。教会を定点で見つめているのは教会員であり役員です。牧師の交代時期は教会が揺さぶられる時期ともなりますが、役員は変わることなく教会に仕え、次の牧師の説教に耳を傾け、み言葉を介して牧師と交わりを深め、教会の信仰の良心として歩みたいものです。

教会役員の世代交代

教会は普遍的な真理を語るとともにその時代に生き、時代の影響を受けながら生きています。

人は自分が慣れ親しんだ文化が最も居心地が良いものであり、それが当然であり正しいと思いやすいものです。時代や文化に柔軟に対応するためにも役員の任期や、定年を決めるなど役員交代を促すことは教会にとっては意味のあることです。後継者がいないと言われることもありますが、後継者が「いない」のではなく、後継者に「譲らない」のだと感じることも少なくありません。そして一旦決めた任期や定年は延長しないほうが良いでしょう。

忍耐を十分に働かせ、知恵をもって奉仕することで経験できる祝福に満ちた役員としての生き方を、次の世代に継承する責任があります。自ら身を引くことによって次世代が育っていきます。身を引くとは、まだ奉仕ができると思える時期に、奉仕に終わりのときを定め、その日のために次の世代を育てることです。奉仕から身を引くことは、教会員として身を引くことを意味しません。自分よりも若い世代が役員として奉仕できるように祈り、支えていくこと、次の世代への愛のまなざしをもって教会に仕えることなのです。

まとめ

第二部では教会の事務管理運営、具体的には会計や労務、会計規定、牧師謝儀、宗教法人法、教会文書管理など教会の主だった事務管理についての基本的な考え方を述べてきました。しかし基本的な事務管理の規程を定めて実務を遂行するだけでは、教会形成には至らないことを確認することが重要と考え、「役員の資質」を最終章に備えました。

正しい会計規定を作成して実務をこなし、適切な牧師謝儀規定を設定し、正しい宗教法人法理解に基づく法人規則を作成し、しっかりとした文書管理を整えたとしても、その一つひとつが教会を建て上げる信仰の結実となるためには、それに携わる役員がキリスト教的世界観に基づいて人生を生き抜くこと、そして信仰に基づく人格の成熟が求められるのです。その人格を通して奉仕が重ねられるとき、教会を建て上げる事務管理運営になるのです。

役員に深いキリスト教的価値観が根付くため、教会・教団はその研鑽の機会を提供できているでしょうか。この研鑽は人格に深く根ざすものですから時間もかかります。人格の成長が短期即成できないように、その人格に根ざす教会の事務管理運営を教会にもたらすことも、時間のかかる大変な作業です。

会計や法令などの専門性の高い分野においては、地域教会・教団のみで取り組むことが難しいものでもあります。そのために教会・教団が共に協力し、交わりを深めながら、情報交換をしつつ、教会の事務管理運営の研究が深められ、神学的・教会論的視点、そして法律的検証と実務というさまざまな分野が教会をこの地に建て上げるという一点において一つとなり、励まし合う研鑽の場が形成されることを願っています。

第三部　教会と宣教団体

第一章　宣教団体のマネジメント

第一節　宣教団体の価値と責任

専門的宣教の価値

教会の働きには、目に見える形で地域に根ざした教会の働きと共に、一つの地域教会では難しくても教会が協力することを通して可能になる見えない教会の働きがあります。

聖書翻訳・神学校教育などの専門的な働き、福音がまだ届いていない地域への宣教の働き、学生宣教・盲人宣教などの一定の人々への宣教の働き、放送宣教や文書宣教などの専門的かつ一般メディアを通しての宣教の働きなど、さまざまな専門的宣教の働きがあります。さらにキリスト教精神に基づいた教育機関や社会福祉あるいはさまざまな支援団体もあります。

これらの働きは、一つの地域教会が単独で取り組むことは難しいのですが、諸教会が祈りと知恵そして人材と献金によって支え合う教会協力によって成り立つ教会の働きと言えます。

私たちキリスト者は地域教会の忠実な教会員として教会に仕えることを前提としながら、同時に「見えない教会」あるいは「公同の教会」、さらに「教会協力」としての教会の働きに仕える喜びに与えることができます。

成長と共に直面する課題

設立の当初から教団や教会協力によって生み出される宣教団体もありますが、草創期には志を共にする数人のキリスト者から始まることもあります。一人で主から海外宣教への召しを受けた青年がその志を立て、少しずつ賛同者が与えられて海外宣教団体が形成されたり、一人の青年が放送宣教の働きの素晴らしさに心を打たれ、数人の宣教師と共に放送宣教の働きを始めたという例もあります。

そして宣教団体もその成長と共に課題に直面します。その課題を乗り越えられるかどうかが宣教団体の継続・成長を大きく左右するのです。

直面する課題の代表的な例をいくつか挙げてみます。

第一は教会の信任を得るということです。多くの宣教団体の歴史の始まりはある一人もしくは小さな交わりです。その志のゆえに働きが始まり前進していきます。しかし宣教の働きである以上、その宣教の働きは「教会の働き」と位置づけられることが大切です。

宣教団体の働きは、一定の広がりと専門性をもつため、「教会ができない働きをしている」と、誤った誇りをもって教会のあり方を批判する宣教団体スタッフに出会うことがありますが、それでは教会を建て上げる宣教団体の働きはできません。宣教団体の働きは教会を建て上げていくことによってのみ、働きの結実があるのです。

宣教団体の働きを通して救いを確信する人が起こされることは素晴らしいことですが、教会に委ねられている洗礼などの聖礼典の執行を行うことはできませんので、その人を教会につながるように道を整えることが宣教団体の責務となります。

第二は使命を常に確認し、言葉に表すことです。これは意外に怠られているようです。「私たちは宣教の働きに携わっている」という表現だけでは宣教団体として不十分です。この使命の確認については、後ほど「使命の共有」で述べることにします。

第三は組織化です。団体が設立された当初は志が同じメンバーが集まりますが、少しずつ人数が増えてくるとメンバー内の情報の共有の課題が増え、約束事も増えていきます。そのためリーダーは直接福音宣教に携わるよりも、「仕組み」を整えること、つまり組織を形成する働きに従事するようになります。使命感の強い現場思考のスタッフほど組織化を嫌い、「組織のために働いているのではない」という意識を強く持つことがありますが、組織化という課題を乗り越えない限り、その宣教団体の成長や広がりはありません。

組織化はマネジメントという働き方をリーダーに求めてきます。しかし多くの宣教団体スタッフは見える形での最前線の働きのために召されていると考え、規約の作成、議事録の作成、事務所の管理、法人格の取得手続き、お金の管理、法令遵守などに関心を示すことはあまりありません。同時に、最前線の働きにおいて優秀な人やシニアスタッフが、必ずしもマネジメントで良い実を結ぶとは限りません。その宣教団体の働きを理解した上での管理部門・マネジメントスタッフの育成が成熟への大きな分かれ道になります。

第四は財政問題、直接的な言い方をすれば資金調達の問題です。小さな団体のときには見える形での働きの最前線との距離も近く寄付者の声も届き、管理部門にかかる経費も多くありません。しかし人数が増えれば管理部門の支出や事務所経費も増えます。

財政の課題について検討すると、「祈れば必ず与えられる」「財政のことを人間的な手法でなんとかしようとするのは不信仰だ」と言われることもあります。財政の問題は「この世的あるいは人間的」な問題と理解せず、福音理解の中でしっかりと受け止めることを本書の中心的な主題として述べてきました。適切な財政運営ができるかどうかは、宣教の働きの前進のための鍵となるのです。

第五は法令遵守の問題です。志を同じくする仲間と与えられた献金を分け合いながら活動をしてきた草創期とは異なり、組織が形成され、法人格を取得すると一般的な雇用関係も生じ、社会保険加入、就業規則の作成や残業代の計算などさまざまな法令遵守が求められるようになります。宣教の働きではあっても、出版社やキャンプ場のように税法上の収益を得る事業形態では納税義務も生じます。

第六は経営者の存在と役割の認識ですが、多くの宣教団体ではリーダーを経営者として理解することは少ないようです。宣教団体も成長し成熟期を迎える頃には、組織も大所帯となり、草創期の志よりも安定した組織としての宣教団体となり、仕事もルーティン化され、いつのまにか見える形での働きの最前線を知らない間延びした管理部門をもつ団体になってしまうこともあります。宣教団体として維持し続けていくために、宣教団体らしいマネジメント、そして経営者が必要なのです。

責任を果たすために

宣教団体の特徴はその専門性にあります。学生、放送・メディア、文書・出版などそれぞれの専門があります。聖書翻訳や神学教育などはさらに深い学問的専門性が求められますし、海外宣教は深い魂への救霊の思いが求められるでしょう。その専門性の高さや情熱のゆえに教会から信任を受けて宣教や教育の働きに携わることが許されるのが宣教団体です。

ある宣教団体の理事会でマネジメントの大切さを述べたとき、一人の理事から次のような質問を受けました。「そのマネジメントをする人材というのは、分かりやすく言うと弁護士ですか、税理士ですか、それとも会社で重責を担ったことのある経験者ですか」と。つまり、宣教団体を経営するために必要な知識、資格、経験は何ですか、という質問です。リーダーシップという一言で片付けてしまうほどに簡単なことでもなく、弁護士や税理士のような専門的資格の有無でもなく、キリスト教的世界観をもってこの世の法令と団体経営を見つめ、決して諦めない心と孤独に耐えうる忍耐力をもち、その団体の使命が神様から与えられたものであることを神学的思考に基づいて体現できる人材ということになるでしょう。

以前、ある海外に宣教師を派遣する国際的な宣教団体で責任者をしている方と話をしたことがありました。その方は長く海外で宣教師として働いた後、本部の責任者になりました。本部の働きはそれまでのように直接福音を伝える仕事ではなく、支援教会への宣教報告、新しい宣教師候補の発掘、さまざまなトラブルの処理、事務所の運営、理事会の対応など今までとは全く異なる仕事でした。その方が責任者に就任してしばらくした後、「今まで使っていなかった筋肉を使っているようです」と言っていたことが印象的でした。

今まで使っていなかった筋肉、つまり経営管理部門としての知恵と知識は本部役員になったら自動的に身につくということはありません。経営管理部門が福音理解の中で位置づけられ、それに仕える人材を教育するということを通して身につけられていくのです。

宣教団体の経営管理においては忘れられないエピソードがあります。私がKGKの総主事をしていた頃、毎年アジア地区の総主事が集まり研修会が持たれていました。その中である国の総主事の例が報告されました。その団体は最前線の働きに偏りすぎた総主事によって組織が崩れてしまい、その団体を建て直すために卒業生の中から非常に優れた人を総主事として迎えました。新しい総主事は学生時代には活動の中心的なメンバーであり、卒業生としても忠実な支援者であり、職業人としても成功している方だったそうです。その方を総主事として迎えた後、「一般的な方法での組織の構築」が始まり、学生宣教団体の主事たちはタイムカードで管理され、報告義務が強く課され、「そんなことでは一般社会では通用しない」と叱責されるようになったということです。しばらくして多くの学生宣教の主事たちが辞めていき、人数は片手で数えられる程度になってしまったということでした。

宣教団体の経営は、地域教会よりも組織や法令、雇用関係においては一般の組織に近い部分がありますが、一般社会の管理手法を直接持ち込むのではなく、福音理解の広がりと深化を体現できる働きとなることを目指す必要があります。

この教会の事務管理運営の最後にこの章を記すのは、私自身が学生宣教団体での二〇年の経験から経営管理の課題に直面し、悩み、教えられ、育てられてきたからであり、宣教団体の成長が教会を建て上げる大切な働きだと信じているからです。宣教団体もまた見えない教会としての働きとしての経営管理が必要であり、キリスト教的世界観をもって経営することが求められるのです。見える教会（地域教会）と見えない教会（宣教団体）が共に、賜物と使命を用いながらその召しに従って歩む奥深い教会の働きをこの世界に建て上げるためにも、宣教団体がさまざまな課題を超えて豊かに成長することを願っています。

第二節　使命の共有

使命を「言葉」で共有する

宣教団体である以上、その目的は自明のことであると考えやすいのですが、そこに大きな課題が生じます。「私たちの働きは福音を伝えることである」と大宣教命令のみを使命とし、教会との関係をしっかりと構築できなければ、教会に仕える宣教団体としての成長はありません。

　一般的な非営利組織の経営書に記されているように使命を明確にするだけでは不十分です。教会論および宣教論的にも正しい神学的構築の中で、使命が問われなければならないからです。「受洗希望者に洗礼を授けること」や「教会の問題点を指摘して新しい教会を形成すること」は、宣教団体の理念にはなりえません。使命が組織内外において理解され、さらに覚えてもらえる言葉で表現する努力を積み重ねることが必要です。この作業はかなり意識して行う必要があり、リーダーが数回話した程度で組織全体に伝わることはありません。

　私たちは何を目指しているのか、私たちらしいやり方は何か、そのような問いをいつもスタッフと共に使命に焦点を合わせて意見交換することが大切です。スタッフに答えを与えるのではなく、問いかけを通して、同じ本質を世代によって異なる言葉によって表されることを重ねるとき、いつの時代にも届く言葉をもつ宣教団体へと成熟していく基礎が築かれていきます。

　学生宣教団体にも、いろいろな団体があります。使命を言葉にして表すとき「学生に福音を伝えることを目指す団体」と、「学生が福音を伝えることができるようになることを目指す団体」では、その活動は大きく異なります。前者のスタッフは直接伝道者であり続けるでしょうし、後者は伝道できる学生つまりクリスチャン学生への動機づけが主な働きとなるでしょう。「学生宣教団体」という大きな括りの中にあったとしても、「何を目指しているのか」つまり「学生に福音を伝えるのか」それとも「学生が福音を伝えることができるようにするのか」が問われ、その上で活動が決まります。そこに使命の言葉化が問われるのです。

「学生に、」と「学生が、」というわずかな言葉の差異によって活動や団体のあり方が大きく変わるような意味深い言葉をきちんと紡ぎ出し、伝えることが宣教団体経営の基礎となるのです。

働きの評価と組織文化形成

宣教団体はその明確な使命感と専門性の高さのゆえに、目に見える形での最前線への思い入れが強く、団体としての管理部門構築が後回しになる傾向があります。また組織が大きくなると支援者との距離ができるために献金者の顔が見えにくくなります。組織の管理部門と目に見える形での最前線の働きが乖離していくこともあるでしょう。

また宣教団体によってはキリスト教書店や出版社、キャンプ場のように「売上」を基本とする団体もあります。〈献金＝非営利〉〈売上＝鋭利追求〉という分類はあまりにも物事を単純化した思考と言えるでしょう。この世の仕組みにおいて「売上計上」だとしても、それが宣教の結実であることをしっかりと意味付けることが大切です。

特に財政の課題に直面するとき、「財政についてはスタッフの責任ではなく、理事の責任である」「私はそんなこと（財政のこと）のために宣教団体のスタッフになったのではない」「今までも守られてきたのだから、これからも大丈夫」「経営管理という人間的な手段を使うことはいかがなものか」という言葉が重なりながら届いてきます。これらの言葉が、組織文化を形成し、定着していきます。定着した組織文化を変えることは非常に難しいものですが、実はこの組織文化こそ、団体の将来を左右するものになるのです。

財政の問題に関しても実は「お金が足りないこと」がその中心的な課題ではありません。宣教団体の経営にとって大切なことは、その使命を共有する交わりと信頼関係の豊かさであり、組織文化形成です。使命への献身が知恵のある言葉で表され、伝えられていくとき、必要な献金・資金は与えられることが多いのです。その宣教団体では、どのような使命がいつも発信され、どのようなことが組織の中で評価されているのか、反対意見をしっかりと言える雰囲気を醸し出しているか、人格的な交わりが大切にされているか、しかし甘えが許されない使命に対する厳しさが求められているのか、スタッフは上司に対して諦めていないかなど、一つひとつが文化を形成し、その宣教団体の働きに大きく影響していくのです。

人事・研修プログラム

組織文化形成と人事研修には、密接な関わりがあります。その充実には近道はありませんし、外部の人事研修に行かせたり、外部講師を招いて話を聞けば良いということでもありません。宣教団体での新人研修・中間管理職研修・最終責任者研修を整えていない団体は多くあるようですが、研修制度を整えつつも真に問われるのは、研修者の信仰と人格です。草創期の歴史、ビジョンの再確認、負の歴史の理解、法令と宣教団体との関係、スタッフが身につけるべき基本的な神学的素養など、組織文化は人格を通して継承されていくのです。

通常の活動の中で何が評価され、何が評価されないのかという日常の発言も組織文化形成に大きく影響します。宣教団体ではスタッフの教会生活も大きく問われます。宣教団体のスタッフは教会から遣わされて宣教の働きに従事しますので、教会生活は仕事とは関係のないプライベートなことという理解にはなりえません。教会生活の重要さが職場でも語られ、確認されなくてはならないのです。そのような組織文化を形成するには長い時間がかかりますが、一度しっかりと文化形成されると、その文化そのものがスタッフを育てていきます。組織文化を維持・形成することが重要な責任であると理解をすることが、経営管理者に必要なのです。

第三節　リーダーの責務

宣教団体のリーダーは多くの場合、仲間のスタッフから選ばれます。それまで同僚であった者が、ある日を境にリーダーとなるのです。そしてリーダーになった途端、周囲はリーダーとしての役割と責任を要求し、本人はその差異に驚きます。一日でリーダーになれるはずもなく、戸惑いそして孤独に陥っていくこともありますが、それを乗り越えなくてはなりません。

リーダーの責務はまず第一に使命を明らかにし、言葉にして表し、どこに向かうかを指し示すことです。「使命を言葉で共有する」で述べたように、丁寧に言葉によって表現し、組織に浸透させることからリーダーの仕事は始まります。リーダーシップそのものが必要なのではなく、その使命を言葉にして表し、どの方向に向かって働きが進むかの方向性を示すことが必要なのです。

第二は、使命を具現化する組織を形成することです。宣教団体のリーダーはその分野の働きにおいて優れた人が着任することが多いため、目に見える形での最前線の働きの模範を示すことが求められるか、もしくは自分が模範を示したくなります。宣教団体はその働きがもともと「人」に寄り添う性質をもっているため、優れたリーダーが去った後に、継続的なミニストリー展開が少しずつ低下していくことも少なくありません。継続した成長を考えるのであれば、リーダーは管理者として働き、組織を形成することが望ましいと考えています。

組織形成には、その団体の優先順位が問われ、人事異動もあり、さらには予算に代表されるように、何にお金を使うかなど人々の意見の相違が明らかになることもあります。また、残念ながら異なる意見が同じビジョンの名の下に語られ始めるという難しい事態に一定の決断を下すこともあります。宣教団体のスタッフは一人ひとりが確信をもってその仕事に就いているため、妥協はあまり存在せず、意見の対立があらわになることも多いものです。その意見の相違や対立を収めること、最終決断をすることはリーダーしかできません。活動の模範を示すことについてはシニアスタッフがその代用をすることはできますが、決断はリーダーしかできないのです。

第三は、その使命に基づいた事業計画を作成し、スタッフはもちろん、関わりのある方々や諸教会に伝える仕組みを作ることです。繰り返し伝える必要があります。何度も何度も、伝える必要があります。その言葉には使命を体現する魂からの叫びが込められていなくては伝わらないでしょう。話が上手か下手かというテクニックをはるかに超えた魂からの叫びが、人々の心に届くのです。それはその宣教団体の使命を発信する心を揺さぶる言葉でなくてはなりません。その魂の叫びを具現化させていくために、一〇年後のあるべき姿、五年後の経過目標、三年後の到達点、そのために来年はこうなっているという具体的な道筋を示すことが必要です。この具体的な道筋をスタッフと共に立て上げることがリーダーの重要な、ときには唯一の責務と言いうるでしょう。宣教団体の多くのリーダーは自分も目に見える形での最前線の活動に関わりたくなるのですが、それを控えて管理者に徹することが重要です。魂からの叫びをもつ人が管理職に徹することで、宣教団体のマネジメントが成立するのです。この魂からの言葉をもたない人が管理職になり方法論だけが先行すると、前述の外国の学生宣教団体のように人の心が離れ、組織が崩れてしまいます。

第四は、使命以外の「良きもの」が組織に混入してくることを断ち切るという難しい仕事です。宣教団体はその性質上、「福音宣教の前進のため」という大義名分を突きつけられると、仕事を削ることも断ることも難しく、周囲からのいろいろな要望を引き受けてしまう傾向にあります。物事は、始めることよりも止めることのほうがはるかに難しいものです。ましてや継続してきたものを断ち切ることは、その仕事に従事した人の配置転換や退職にまで関わることになります。外部からは宣教の放棄と見えてしまい信頼を失うのではないかという心配も生じます。宣教団体の歴史を省みると、必ずしもその団体の使命でない事業であっても、「福音宣教のため」という理由で事業を広げすぎて、数年後にはその働きが形骸化していることもあります。

さらに、時代遅れになった働きに対しての冷静な判断力も必要です。さまざまな要因で現在はそれほどまでに効果をもたない働きもあります。もちろん宣教の働きは、効率だけを求めて歩むべきではありませんが、尊い献金をどのように用いるか決断が必要です。

逆に経済的利益をもたらしている事業であっても継続すべき事業とは限りません。ある宣教団体で、経済状態の良いときにはもてはやされた金融商品を購入し、その利益分を一般活動に投入していました。やがて経済状態が悪くなり元本割れするようになり、利益が確保できず、一般活動にまで影響が出るようになりました。尊い献金で金融商品を購入して良かったのかという基本的な考え方を精査することから検証を始めることが大切です。問われるのは経済的成果（損益）ではなく信仰による判断基準です。

宣教団体では、さまざまな人間関係や感情が優先され、冷静な判断ができなくなることがあります。撤退や人事に対する厳しい判断はときに「愛がない」という批判を受けることもありますが、私たちは与えられた使命によって判断するのであり、厳しいようですがスタッフ同士の気持ちに寄り添うことが優先されるべきではありません。冷淡と批判を受けても決断をすることができるのはリーダーだけです。何かを止めることを決定する人気のない孤独な仕事は、リーダーにしかできない責務なのです。

第五の責務は、使命が揺さぶられる危機に立ち向かうことです。危機には目に見える危機と目に見えない危機が存在します。見える危機とは経済的な危機、団体の信頼を失うような決定的失敗、スタッフの倫理的な罪などが挙げられます。このような危機のときには勇気をもって真正面から向かい合うことです。

特にスタッフの倫理的なトラブルの場合には、そのスタッフの所属教会の牧師とよく連携をとることが大切です。誠実に勇気をもって危機に直面し、回復への道筋を立て、ときには痛みを伴ってもその事実への対応を決断し、それを教訓として可能な範囲で公にすることもリーダーの責務と言えるでしょう。

同時に、見えない危機というものがあります。それは宣教団体が「うまくいっている」あるいは「こうやってうまくやってきた」「自分たちのやり方は正しい」と思えるときに起こる心の緩み、驕り、ひたむきさの喪失です。真剣に使命に生きようとしている人にしか見えない危機です。この危機の指摘は注意深く人格的信頼の中で行わなければ、組織の和を乱すこととして映ってしまいます。見えない危機は団体を緩やかに崩壊させていきます。その宣教団体の歴史や伝統、知名度、優れたリーダーの元に集まることで自ら責任を取らなくなってしまう組織の問題点、現時点ではうまくいっているものの次世代の後継者を生み出していない状況など、一つひとつを丁寧に検証していくことは人気のない仕事であり、リーダーが率先して旗振りをするべきものでしょう。うまくいっていればいるほど、それを危機と見なすことは難しいものです。しかし、見えない危機を顕在化させることは、使命の継続発展のために必要です。そのためにもリーダーは人の気持ちにおもねらない強靭な心も必要です。

第六の、そして最後の課題は、「リーダーは引き際をあざやかに」ということです。何よりも難しいことは自分自身が身を引くことです。宣教団体のリーダーは、専門性も高く評価が定着すればするほど周囲からも支持され、辞めることが難しくなります。周囲も「まだ大丈夫ですよ」と辞めることを引き止めます。その引き止めは、リーダーに対する期待や忖度もあるでしょうし、他の候補がいないという消極的な理由の場合もあります。またリーダー本人も、「本当は辞めたいのだけど、まだ後任が育っていない」と述べることがありますが、それはリーダーが在任期間に後継者を育てなかったと理解するべきでしょう。

いずれにしてもリーダーが自ら辞任を決断しない限り、人事は難航し組織が疲弊していくことが多いものです。リーダー人事は大きなものですから、退任のタイミングについては本人があざやかに辞任宣言することです。

第四節　使命と法令遵守

法令遵守および倫理基準

宣教団体における倫理基準は基本的に一般の社会よりも厳しく、キリスト教的世界観に則ったものでありたいものです。しかし残念ながら法令遵守やハラスメントという意味では、一般の会社のほうが厳しく対処している面もあるように感じます。

宣教団体の場合は法令遵守違反という概念も少なく、宣教のために働いているのだから、細かいこと（法令のこと）はよく分からない、という声を聞くこともあります。二種類の法令遵守および倫理基準について考えてみたいと思います。

第一は、文字通りの法令遵守という側面です。宣教団体であっても知らなかったではすまされません。教会で喫茶店を始めたり、書店経営や空いている土地を駐車場に貸すなどの営利事業をする場合、保健所の基準をクリアしたり、税務申告をしたり、雇用が生じれば労働基準法をはじめとする関係法令を守らなくてはなりません。「この世のことは分からないので……」と言って、法令を調べることなくそのまま過ごしてしまい、あるとき当局から指摘を受けて困惑するという話を時折耳にします。

第二は、そのような法令遵守ではなく、キリスト者の倫理を組織としてしっかりと受け止め、運用面において高い倫理基準をもつことによってこの世の法令との矛盾が生じることに踏み込んで組織文化を形成するということです。例えば、雇用契約という法令面から言えばスタッフの教会生活は「プライベートなこと」になりますが、教会生活もまた大切なものとして組織の中にしっかり位置づけます。また、宣教団体はその働きによって株式会社や一般／公益の社団法人や財団法人、あるいはＮＰＯ法人を取得することもあるでしょう。さらには学校法人や社会福祉法人その他、さまざまな法人格を取得して活動します。法令で定める「定款」よりも上位規程として宣教団体としての規約を作成し、その規約をしっかり守ることで宣教団体の歩みを成立させ、同時に定款を含むこの世の法令を守ることになります。

ある放送宣教団体の具体例を挙げると、一般財団法人として認可されている定款には「聖書に基づく教育を通し、国民の心身の健全な発達に寄与し、豊かな人間性を涵養することを目的とする事業を行う」と記しています。しかし、団体の言葉に置き換えると「主の召しを受けた私たちは教会と共に放送によって福音宣教を担います」と表現されることになります。定款などの定めをはるかに超えた宣教論に基づく「目的」を常にもっていることが求められるのです。

第五節　すべては教会に仕えるために

宣教団体の働きを通して一人でも多くの人に福音が届けられることは素晴らしいことです。しかし宣教の働きは教会に委ねられたものであり、宣教団体はその教会からの信任を受けて、一つの教会では取り組むことの難しい専門的あるいは広域的な宣教の働きに携わることが許されているということを働きの核心部分に持っていることが必要なことは、すでに述べた通りです。

そのため、「どのように福音を届けることが教会の宣教の働きに仕えることになるか」という問いを深めていくことが教会に信頼されて働きを進めていくことになります。宣教団体の共通の姿は「教会に始まり、その活動を通して福音を広め、教育に携わり、社会的責任を果たしつつ、教会の結実となっていくこと」です。

宣教団体のスタッフは忠実な教会員である必要があり、「見える教会」(地域教会)に仕えつつ、「見えない教会」(宣教団体)のために信徒献身者としての意識をもって熱心に働きます。見える教会における宣教の働きが、見えない教会である専門的および広域的な宣教教育の働きに支えられていくという協力と信頼の関係が生まれ、地域教会は宣教団体を支えていくという歩みに導かれるのです。その交わりの豊かさを通して、教会がさらに福音宣教と教育に携わり、使命を果たすキリスト者の交わりが深まっていくことを祈りつつ、教会の事務管理運営の広がりとしての宣教団体マネジメントを最後に考えてみました。

地域教会の事務管理運営も宣教団体のマネジメントも共に福音の結実として理解されていくとき、目に見える形での宣教の最前線の働きと事務管理運営が、一つの福音理解の広がりの中で実を結ぶものになることを願っています。

あとがき

教会生活の歩みの中で、信徒の側から見えてくるものがあります。それは教会役員会の中から出される意見にさえ、信仰の言葉を使いながらも深いところではこの世の論理、常識、市場原理に基づく発言や思考が巧妙に入り込んでくるという現実です。それは、基本的に善意や熱心さがあふれているために牧師とのすれ違いを生み、教会を傷つけてしまうことさえあります。

教会が真にキリストの体としての教会となるために、役員会で交わされるさまざまな発言、特に教会が地にしっかりと立つべき分野である事務管理運営面においての発言が、教会の言葉、神学の言葉になっていくことが重要だと感じてきました。それは単語として難しい神学用語を用いるということではなく、発言の根底にある価値観、つまりキリスト教的世界観をもって教会の出来事を見つめるという視点が整えられるということです。

また説教の聴聞についても第二部第六章で記しましたが、私自身、説教を聴き続ける教会生活において、説教と格闘したことも幾度と知れずあります。礼拝後、今日語られたことは神の言葉だったのだろうか、なぜ自分はそれを神の言葉として聴けないのだろうか、この問いに対する格闘は重苦しいものですが、説教の聴聞は教会を建て上げる大切な使命であると心に刻みつつ役員会や牧師と対話してきました。その重苦しさは教会が真に教会であるための大切な試金石であることも経験してきました。

本書は、み言葉を取り次いでくださる牧師への感謝であり、共に教会役員の奉仕を担った主にある兄弟姉妹への感謝の書でもあるのです。

文章を整えるにあたってお茶の水神学研究会にて毎月原稿を共に読んでくださり、牧会の現場からの声を教えてくだった大嶋重德先生、朝岡勝先生、石原知弘先生、足立雄飛先生、佐野泰道先生、板井孝宏先生、倉嶋新先生、奥山信先生、山村諭先生、児玉智継先生、小宮山裕一先生、飯田岳先生、平林知河先生、塚本良樹氏、佐藤勇氏、そして編集者としてこの書をご提案くださった髙木誠一氏、同労者として支えてくれているお茶の水クリスチャンセンターのスタッフ、お一人お一人に深く感謝を申し上げます。また、社会保険労務士としての立場から原稿を寄せてくださった富所正史氏、そして、交わりの中でアドバイスをくださった行政書士の大森謙治氏に、この場を借りて感謝を申し上げます。

「地に住み、誠実を養う」（詩篇三七・三）ことを心に刻み、教会が地に立つことの葛藤と祝福に生きる信徒の立場からの教会実務の神学、キリスト教的世界観の構築への試みの書として、本書が教会を建て上げる奉仕に与る主にある兄弟姉妹のご参考になりましたら幸いです。

二〇二一年三月

山崎龍一

《著者紹介》

山崎龍一（やまざき・りゅういち）

1963年生まれ。大学卒業後、会社勤務及び公益法人勤務を経て1993年よりキリスト者学生会（KGK）主事となり、同事務局長、同総主事を歴任。2014年よりお茶の水クリスチャン・センター常務理事。その他、一般財団法人太平洋放送協会理事、学校法人東京キリスト教学園常任理事、聖書宣教会監事、公益財団法人早稲田奉仕園監事を務める。日本福音キリスト教会連合生田丘の上キリスト教会教会員。

著書　『クリスチャンの職業選択』（いのちのことば社、2004年、増補改訂版、2012年）、『信仰の良心のための闘い』（共著、いのちのことば社、2013年）。

教会実務を神学する――事務・管理・運営の手引き

2021年5月20日　初版発行

著　者　山崎龍一

発行者　渡部　満

発行所　株式会社　教文館

〒104-0061 東京都中央区銀座4-5-1 電話 03(3561)5549 FAX 03(5250)5107

URL http://www.kyobunkwan.co.jp/publishing/

印刷所　モリモト印刷株式会社

配給元　日キ販　〒162-0814　東京都新宿区新小川町9-1

電話 03(3260)5670　FAX 03(3260)5637

ISBN978-4-7642-6153-2　Printed in Japan